信以為真的歷史

推翻那些你曾

Throw Away All the History

假若劉禪真是扶不起的阿斗，如此昏庸之輩又何以在位四十一年？諸葛亮真是天才，但在用人上，他卻遠不及劉備和曹操……嚴尚真的「無他才略，唯一意媚上」嗎？秦始皇的異母弟弟為何投降敵國？李陵投降匈奴的內情又是如何的不單純？荊軻刺秦案為何最終為何失敗？

i-smart

智學堂
智慧是學習的殿堂

國家圖館出版品預行編目資料

推翻那些你曾信以為真的歷史 /
張中延編著. -- 初版.-- 新北市 : 智學堂文化,
民103.11　面；　公分. -- (經典系列；13)
ISBN　978-986-5819-53-8(平裝)
1.中國史　2.通俗史話
610.9　　　　　　　103018492

經典系列：13

推翻那些你曾信以為真的歷史

編　　著 ── 張中延
出 版 者 ── 智學堂文化事業有限公司
執行編輯 ── 林美玲
美術編輯 ── 蕭佩玲
地　　址 ── 22103　新北市汐止區大同路三段一百九十四號九樓之一
　　　　　　TEL　（02）8647-3663
　　　　　　FAX　（02）8647-3660

總 經 銷 ── 永續圖書有限公司
劃撥帳號 ── 18669219
出 版 日 ── 2014年11月

法律顧問 ── 方圓法律事務所　凃成樞律師
cvs 代理 ── 美璟文化有限公司
　　　　　　TEL　（02）27239968
　　　　　　FAX　（02）27239668

第一章

歷史偽說惑案——
到底是歷史誤導了我們，還是我們誤解了歷史

第二章

「千古罪人」冤案──
有些人有些事或許被人們誤讀了

第三章

變節無間道誣案——
是千古奇冤，還是蓋棺定論

第四章

暗殺玄機政案——
弒君篡權是貪戀權位，還是別有隱情

第五章

戰爭密碼譎案——
將軍角弓沙場冷，殺戮白骨迷計凶

Chapter 1

歷史偽說惑案——

到底是歷史誤導了我們，
還是我們誤解了歷史

Throw Away All the History

越王勾踐：
是否真的臥薪嘗膽

「有志者、事竟成，破釜沉舟，百二秦關終屬楚；苦心人、天不負，臥薪嘗膽，三千越甲可吞吳。」對於蒲松齡的這段話，大多數人都不陌生，而這段話中「臥薪嘗膽」一詞更是家喻戶曉的經典成語。

春秋時期，越王勾踐在一次戰爭中被吳國夫差打敗，帶領所剩的五千兵馬逃到了會稽，還是被吳軍圍的水洩不通，於是越王只能向吳國屈辱求和。在吳王的威逼之下，勾踐到吳國宮廷中服了三年的苦役，過著牛馬不如的生活。

被釋放回國之後，為了奮發圖強報仇雪恥，他睡覺躺在硬柴上，坐臥飲食都要嘗一下苦膽，告訴自己不能忘了國家破亡的痛楚，激勵自己的勇氣和鬥志。經過幾十年的休養生息和不懈努力，他最終戰勝了吳

國。這就是人們今天所熟知的典故「臥薪嘗膽」的由來。現在人們常用這個成語表達刻苦自勵、奮發向上的決心。

　　然而關於越王勾踐是否真的曾經臥薪嘗膽，卻是眾說紛紜。有的說他從來沒有臥薪嘗膽過，有的說他「臥薪」而沒有「嘗膽」，那麼事實到底是怎樣的呢？難道這個流傳千古、帝王發憤圖強的典故，是個欲蓋彌彰的大謊言？

　　《左傳》和《國語》是現存最早的記載吳越爭霸和勾踐事蹟的歷史典籍，但這兩本史籍都沒有說到越王勾踐臥薪嘗膽的行為。

　　到了西漢，史學家司馬遷在《史記·越王勾踐世家》曾說：「吳既赦越，越王勾踐返國，乃苦身焦思，置膽於坐，坐臥即仰膽，飲食亦嘗膽也。」但這段話中並未提到「臥薪」二字。司馬遷筆下的「苦身」是不是就是指「臥薪」呢？

　　可惜的是，司馬遷並沒有給出更為詳細的交代。之後的一些著作皆以先秦史料為基礎，對此沒有更深描述。

最先將「臥薪」、「嘗膽」兩個詞連在一起使用的人是北宋的蘇軾。他在《擬孫權答曹操書》這封帶有遊戲色彩的書信中說：「僕受遺以來，臥薪嘗膽。」蘇軾在這裡指的孫權，與越王勾踐完全無關。真正將「臥薪嘗膽」用在勾踐身上並使之廣為流傳的是眾多的文學作品。

明朝末年，梁辰魚在《浣紗記》中對越王勾踐「臥薪」、「嘗膽」的事情進行了大量的描寫。後來馮夢龍在其刊刻的歷史小說《東周列國志》中多次提到過勾踐「臥薪嘗膽」的故事。

清初的吳乘權也在《綱鑑易知錄》中寫道：「勾踐叛國，乃勞其凝思，臥薪嘗膽。」正是這些文學作品的描述，從此使越王勾踐「臥薪嘗膽」的故事家喻戶曉、廣為流傳，但其真實性還需進一步考證。

「臥薪」的記載最早出現在宋代，有些學者表示不能認同。他們認為東漢《吳越春秋》中記載越王勾踐「用蓼攻之以目臥」就是「臥薪」的意思。

所謂「蓼」，清代學者馬瑞辰曾解釋為「辛苦之菜」。這種蓼菜積聚得多了，就成為「蓼薪」。勾踐

那時日夜操勞，眼睛疲倦得想睡覺（目臥），就用苦菜來刺激。「臥薪」、「嘗膽」分別是讓視覺和味覺感到苦。後人把「臥薪」說成是在硬柴上睡覺，是一種曲解。

【話說歷史】

要弄清楚「臥薪嘗膽」的真相頗費周折，但是相信謎團總有真相大白的一天。

淝水之戰：
這場戰役是否真的是以少勝多

　　五胡十六國時期，前秦統一了北方政權。南方由
司馬睿建立起了東晉，盤踞江左一帶，南北雙方形
成了對峙的局面。西元383年，前秦與東晉在淮南淝
水展開了一場「規模驚人」的大戰，史稱「淝水之
戰」。稱淝水之中，前秦百萬兵馬居然輸給了東晉十
萬兵馬，這在歷史上頗為罕見。

　　前秦天王肩負統一了北方各少數民族之後，就開
始積極準備南征東晉。西元383年5月，苻堅不顧前秦
丞相王猛臨終遺言以及群臣的反對，決意攻取東晉。
苻堅甚至揚言以此強兵百萬，「投鞭可以斷流」。

　　8月，苻堅以苻融、張蠔、慕容垂等步騎25萬為
前鋒南下，苻堅隨後率百馬兵馬從長安出發，全軍
有步兵60萬、騎兵27萬，旗鼓相望，前後千里，東西

萬里，水陸並進。崔鴻《十六國春秋‧前秦錄六》記載，「八月戊午，遣……步騎二十五萬為前鋒。甲子，堅發長安，戎卒六十餘萬，騎二十七萬，前後千里，旌鼓相望。」

　　面對前秦來勢洶洶，東晉任命謝石為征討大都督，謝玄領北府兵為前鋒都督，與謝琰、桓伊等共同率領8萬之眾抵抗秦軍，又另派將領胡彬領5000水軍增援壽陽(今安徽壽縣)。11月，謝石、謝玄和劉牢之在謝安的計策指揮之下，由劉牢之率北府精兵5000人強渡洛澗，襲擊梁成軍營，臨陣斬殺梁成等10員將領，又分兵截斷退路的渡口。秦兵步騎一時崩潰，落水而死的就有15000人，繳獲了秦軍丟棄的大量軍資器仗。強渡洛澗取得大勝的晉軍乘勝追擊，水陸並進，聲勢大振。全軍推至淝水東岸，與秦兵隔河對峙。苻堅在壽陽城上目睹晉軍佈陣嚴整，心中暗暗吃驚。又見淝水東面八公山上草木搖動，以為都是埋伏的晉兵，不由連連感歎：「此亦勁敵潤謂弱也」。當秦晉兩軍夾淝水佈陣之時，為速戰速決，謝玄便派人向苻融提議說：「兩軍隔河對峙並非長久之計，不如

將軍往後退一步，讓我軍能渡過淝水，一決勝負如
何？」符堅認為我眾敵寡，想要乘晉軍渡江之時，向
晉軍發動進攻，必能取勝。於是同意了謝玄的提議。
但是當秦軍下令後退時，全軍軍心大亂，眾多秦軍將
士都以為是前鋒戰敗，頓時間秦軍爭相逃命，自相踐
踏。謝玄、謝琰、桓伊等率領晉軍渡河猛攻。晉軍一
鼓作氣，追擊秦軍至壽陽30里外的青岡。一路逃亡的
秦軍聽到風的吹拂聲與鶴的呼叫聲，都以為是追兵到
了，晝夜不敢停息，最後只有十多萬人逃回北方。淝
水之戰，以少勝多，從此揚名於中國軍事史。但是近
年來，史學家們透過對史冊的研究，對淝水之戰以少
勝多提出許多新的觀點。

　　前秦百萬軍隊真的有一百萬嗎？史學家認為百萬
只是一個虛數，實際數量並無百萬。首先，雖然符堅
統一北方各少數民族，但是從人口總數估計，擁有百
萬雄師的可能性並不大。其次，假設前秦真的擁有百
萬軍隊，也不可能全部派往前線，至少要留一些駐守
各地重鎮。第三，這年五月，符堅就派遣兒子符敘率
兵進入襄陽和蜀地以抵抗晉軍，符敘也就帶走了前秦

的一部分兵力。所以百萬之師的說法值得懷疑。

　　真正參加淝水一戰的前秦軍隊有多少人？淝水之戰中，結集在淮淝一帶的秦軍其實就只有苻融率領的三十軍隊。這三十萬人還被分佈在郾城至洛澗的五百里戰線之上。也就是說，真正駐紮在淝水的軍隊也不過十萬人。但是，晉軍的八萬人幾乎都參加了淝水一戰，再加上晉軍本來就在長江中游地區佈置了很雄厚的兵力，因此真正與前秦交戰的晉軍在人數可能達到十二、三萬人左右，要比前秦軍隊的十萬人多出很多。

【話說歷史】

　　歷史上所謂的「以少勝多」其實並不存在，根據史料記載，應該是「以多勝少」。看來對於歷史敘述上也應仔細辨識，有時可能有別於事實。

縱橫大師：
世間到底有無鬼谷子此人

　　鬼谷子相傳生活在戰國時期的楚國，姓王，名
詡，此人神祕中透露著深不可測的魅力，關於他的出
身民間有很多傳說，有說他是村夫慶隆和東海龍女的
兒子，又有他是道教的洞府真仙的傳說。傳說並不足
信，但鬼谷先生的神祕面紗至今也是個未解之謎。

　　認識鬼谷子，人們是從著作《鬼谷子》開始的，
但是最早人們瞭解《鬼谷子》是從《隋書・經籍志》
中得來的，但是此書的歷史真實性人們不得而知，這
就產生了一個疑問：鬼谷子到底有無其人？

　　人們沒有在史料中發現一些直接記錄鬼谷子的文
獻材料，但是間接提到他的卻很多，其中史記的記載
頗為引起人們的注意，《史記・蘇秦列傳》有提到，
蘇秦「東師事於齊，而習之於鬼谷先生」。又有《史

記・張儀列傳》中又說，張儀「嘗與蘇秦俱事鬼谷先生學術，蘇秦自以不及張儀」。也就是說蘇秦、張儀這兩位馳騁戰國的縱橫家都曾師承鬼谷子；而司馬遷《史記・太史公自序》中也有提到：「聖人不朽，時變自守」，唐代著名的史學家司馬貞在其《史記索隱》中說：「聖人不朽，時變自守」此句引自鬼谷先生名作《鬼谷子》，《史記》探究歷史的態度和真實性無須懷疑，從司馬遷的話中可以得到其對鬼谷子確有一定瞭解。

鬼谷先生的重要學說就是縱橫之術，人們姑且從這條線上摸索關於鬼谷先生的一些事蹟，據司馬遷在《史記》記載，漢武帝時期大臣主父偃曾學縱橫術。博學奇儒王充也曾學習縱橫之術並稱此術開山祖師乃鬼谷先生也。這就說明，在漢代人們對縱橫之術的理解也來自鬼谷先生。

西漢劉向、漢魏蔡邕、魏晉皇甫謐、東晉郭璞、王嘉、南朝陶弘景、唐代李善等都在各自的著作中間接連提到過鬼谷先生。美國外交家基辛格的老師施本格樂對鬼谷子的評論是，在當時的歷史中其外交才能

和外交技巧的靈活運用，必然成為當時最為有影響力的外交家。

透過對各種關於鬼谷先生論述的總結、分析，大致可以得出這樣的結論：鬼谷子確實生活在戰國時代，他是一位行蹤不定的理論家、實踐者。也可以從蘇秦、張儀的生活年代大致推算出鬼谷先生的生活年代。他的一生最重要的影響，就是其縱橫之術和其鼎鼎大名的兩個高徒。他不是傳說中的神仙，只是一個把自己智慧傳遞給別人的普通人。他不願意用自己的真實姓名，故以「鬼谷子」自稱。

【話說歷史】

要瞭解一個真實的鬼谷子，務必不要陷入把鬼谷子看成是多麼神祕的人物，更有甚者把他理解成一個神仙或者能通天徹地的能士。人們只有揭開一些掩蓋在外表的虛無的東西，才會真正瞭解一個人、一些事。

《水滸》淫婦：
潘金蓮其人真偽之謎

　　《水滸傳》裡描寫的武大郎奇矮，不足三尺，靠賣燒餅謀生，他有一個很美貌的妻子潘金蓮，後因潘金蓮與西門慶有染，繼而二人商量毒死了武大郎。

　　在很長一段歷史時期內，武大郎一直被當做窩囊男人的典型代表而受到人們的鄙視，充當了一個受苦受難甚至被害人的角色，而潘金蓮更甚，數百年來，她被視為「千古第一淫婦」，承受著「淫婦」等道德意義上的唾罵，他們的形象從何而來？無非是中國的兩部古典文學名著──《水滸傳》和《金瓶梅》。

　　事實上，他們是真實存在的人物，而不僅僅是小說中的人物，那麼，歷史上的他們是怎樣的人呢？

　　據河北省《清河縣縣誌》記載，武大郎姓武名植，清河縣武家那村人，縣誌和武氏家譜可以證實，

20

武植身材高大，相貌不俗，根本不是《水滸傳》中形容的「三寸釘，枯樹皮」，他聰明好學，知識淵博。明朝某年考中進士，北宋徽宗欽定為山東陽谷縣令，在為官期間，清正廉明，平反冤獄，治理河患，為百姓做了不少好事，世人尊稱其為「武大郎」。

　　武家那村中有一座紀念武植的祠堂，整個祠堂由前庭院、展覽廳、武植碑、武植墓四部分組成。一進武植祠堂，便可見武植雕像及為其正名的圖畫文字。祠堂後院有座土塚，便是武植墓。據其後人介紹，此墓始建於明代，為懸棺合葬墓，土塚原高9公尺、直徑約20公尺，樹木蔥翠。墓前有清乾隆年間武家後人所立護墓碑。1946年初，武植墓曾被掘開，村民親眼看見裡面的楠木懸棺，出土的武植屍骨高大，按照推算生前身高應在180公分以上，他是清官，所以無值錢的隨葬品，他不是賣燒餅的，否則，哪有楠木懸棺和青磚疊墓？

　　而清河縣城東北的潘家莊（後改名黃金莊），便是被武家後人稱作「老祖奶奶」──潘金蓮的家鄉。潘金蓮並不是什麼潘裁縫的女兒，而是貝州潘知州的

千金小姐，一名大家閨秀。她知書達理，隨武植到陽谷縣赴任，兩人恩恩愛愛，白頭到老，先後生下4個兒子。黃金莊正南15公里便是武家那村。

可以說，歷史的真實和我們所知的相差太遠，這麼多年過去了，關於他們的錯誤認知非但沒有減少，反而因四處流傳而為更多人所熟知。是什麼原因使無辜的他們處於這樣的冤屈處境？

話說武植在陽谷為官時，體恤民情，為民請命，官聲很好。而當地的西門氏是「陽谷一霸」，為非作歹，民訟不斷，武植不畏強暴，為民伸張正義，因此得罪了西門家族。西門氏對武植懷恨在心又沒什麼辦法，就編排一些武植的壞話到處宣揚。

就在這時，有一位武植的同窗黃堂家遭大火，便到陽谷找武植求助。他來到陽谷縣一住半月，因武植一直忙於政務，只是來的當天見了武植一面，便再也沒有露面。黃堂以為武植不想資助他，故意避而不見，所以一氣之下回到清河縣。

一路上，他為洩私憤，在道旁、樹上、牆上寫了很多武植的壞話，還編造西門氏與潘金蓮的「緋聞」

故事詆毀武植。回到家中，只見一座新蓋的房屋。他覺得奇怪，一問妻子才知道，原來武植得知黃堂的遭遇後就派人送來銀錢，並幫忙蓋好了房子，本想一切準備妥當之後再告訴黃堂，可是……黃堂懊悔不已，但已經晚了，民間已傳得沸沸揚揚，武大郎和潘金蓮的清譽毀於一旦。

《水滸傳》的作者施耐庵就如同一個娛樂記者一樣，沒有弄清楚事實，將聽來的東西經過加工整理，讓武、潘二人造成了不可挽回的聲譽上的損失。但他的後人卻深明大義，努力為蒙冤的夫妻昭雪，黃堂也因太過自責而最終自殺，清河縣的縣誌也明文記載著武大郎夫妻的真實一面，但千百年來民眾中流傳的形象卻已經鐵一般的固定了。

【話說歷史】

不管是否存在潘金蓮這個人，在歷史上，這個人物形象已經被確定，不管怎麼去求證，歷史就是歷史。

「獨臂神尼」：
書中女傑實乃弱女子

在民間傳說中，有一位武功超凡的獨臂女尼，乃是明末崇禎皇帝的女兒長平公主，曾與袁崇煥之子有過婚約，但因為國破家亡，被父親砍去手臂後流落民間。懷著深仇大恨的公主從此斬斷兒女情絲，遍訪名山，拜師學藝，終於練就了一身絕世武功，誓要為父母報仇雪恨。人稱獨臂神尼九難，即《鹿鼎記》中的九難。

傳說獨臂神尼九難收了八個天下無敵的徒弟：了因、黃仁父、李源、周潯、白泰官、路民瞻、甘鳳池、呂四娘。

呂四娘後來潛入深宮，刺殺了雍正皇帝，輾轉為師父報了家國之仇。這八個了不起的徒弟，被稱為「清初八大俠」並威震天下！

　　其實，真實的長平公主並沒有這麼好的命。袁崇煥督師也沒有這麼好命，他死的時候，兒子還沒有生出來呢，哪能去跟長平公主訂婚約？

　　歷史上真實的長平公主名叫朱媺娖，生於西元1628年，是崇禎皇帝的第二個女兒，也是六位公主中唯一長大成人的一個，十六歲時被封為長平公主。崇禎對女兒很疼愛，雖然國事繁重，但還是為她挑選了駙馬——狀元周顯。由於處在大明王朝的動盪之際，長平公主與周顯的婚期一拖再拖，始終沒能舉行婚禮。

　　李自成攻破北京城的時候，崇禎為了不讓宮中後妃和公主受到凌辱，決定殺死她們。在用劍砍殺長平公主之時，悲曰：「汝何生我家！」崇禎一劍砍下，長平公主用左臂一擋，左臂頓時被砍斷而昏厥。崇禎以為其死，就沒有再砍第二劍。隨後，崇禎自縊於北京煤山的樹上。

　　清軍引兵入關後，為了籠絡人心，多爾袞下令為崇禎帝哭靈三日，上諡號懷宗端皇帝，後來又改稱莊烈湣皇帝。與此同時，將他和周皇后的棺木起出，重

新以皇帝之禮下葬，葬在昌平明皇陵區銀泉山田貴妃陵寢內。

　　看著父母終於入土為安，國破家亡的長平公主也有了一絲安慰。但是，在清順治二年，長平公主知道自己的弟弟「太子慈烺」在南京被堂兄朱由崧監禁的消息後，再次陷入絕望，遂向順治帝上書，說：「九死臣妾，蹢躅高天，願髡緇空王，稍申罔極。」希望自己能夠出家為尼，斷絕這塵世間的哀傷悲痛。

　　然而，為了讓漢人歸心，以反襯弘光帝虐待崇禎子嗣的惡行，順治帝不但不許公主出家，而且還讓她與崇禎為她選定的駙馬周顯完婚，並且同時賜予府邸、金銀、車馬、田地。身不由己的長平公主接到這道詔命後淚如雨下，痛哭流涕。但是，不管她願不願意，隆重浩大的婚禮還是如期進行。

　　婚禮之後，僅僅過了幾個月，長平公主又得到南京城破、獄中「朱慈烺」乃是假冒的消息，心靈重度受創，苦苦支持她的精神支柱瞬間徹底崩潰。幾個月後，長平公主便在萬念俱灰的哀怨中病逝。時為順治三年，年僅十八歲，死時尚有五個月的身孕。

長平公主短暫的人生就到此結束，她一生沒有做過什麼好事，但也沒做過什麼壞事，只是她的命運起伏太大，超出了她能夠承受的範圍了。

【話說歷史】

不管長平公主是否像影視劇所演一樣，不可否認的是，她是一個時運不濟的女子。

曾國藩：
他偽造了《李秀成自述》嗎

　　說到「某某自述」，顧名思義，是某某人對自身情況的陳述和說明。然而，《李秀成自述》真的是出自於李秀成嗎？曾國藩究竟有沒有篡改和偽造《李秀成自述》？對於這個歷史問題，學界的討論異常熱烈，眾說紛紜，莫衷一是。

　　正面的說法是《李秀成自述》的確是出自於李秀成之手。著名學者羅爾綱對《李秀成自述》辛苦考證了幾十年，其結論是「曾國藩後人家藏的《自供》原稿確是親筆」，主要的證據如下：

　　從筆跡上來看，曾家所藏「原稿」和世傳的李秀成真跡是出自同一人之手。有專家曾特意將流傳下來的李秀成受訓時的親筆答詞28字「胡以晄即是豫王，前是護國侯，後是豫王。秦日昌即是秦日綱，是為燕

王」和「原稿」進行過鑒定，鑒定結果二者出自同一人之手。從內容看，原稿將金田起義到天京陷落這14年的每一個過程和細節都描述得非常清楚，很難想像會是曾國藩平白捏造的。而且，「原稿」在稱謂上多遵循太平天國的制度，也非曾國藩所能知道的。

從詞句來看，李秀成是農民、雇農出身，文化水平不高，自傳語句不甚通順，錯誤字連篇，正是他本色的表現，不太可能是曾國藩等人偽造出來的。

「原稿」裡還有很多李秀成家鄉的方言，也絕非曾國藩等人所能偽造出來的。從情理上來說，曾國藩為了保全自己的名位，必然有很多顧慮，他無此膽量偽造供詞，以犯欺君之罪。而且清朝督撫和統兵大員，不是一手遮天，為所欲為，而是督、撫、提、鎮、藩、臬互相監督，如果他敢於丟掉李秀成原供而另行偽造假供，定然會被洩露，而致重譴。

從曾國藩奏稿、日記、供詞刻本按語及趙烈文日記等許多資料裡都可看出，他對李秀成寫的自傳，作了一系列的處理，有的修改，有的刪節，這是事實。但不能因此就否定「原稿」是李秀成的真跡。再說

《李秀成自述》原稿如果是假的，曾國藩為什麼要把這個假東西當做寶貝傳之後代呢？為什麼他的第四代曾孫曾約農還要把這個易招非議的「假東西」公之於眾呢？反面的說法是《李秀成自述》不是李秀成的真跡，而是曾國藩修改後重抄的冒牌貨。

1956年《華東師大學報》第四期發表了年子敏、束世的《關於忠王自傳原稿真偽問題商榷》一文，認為李秀成供詞出自曾國藩的偽造，他們的理由是：從筆跡上看，「原稿」雖然和李秀成「28字」真跡出於一人之手，但「28字」也是龐際雲故意偽造的，是為了以防萬一對付預備萬一。從「原稿」的間隔上說，「自述」分9天寫成，中間應該有8個間隔。李秀成是每天隨寫隨交，曾國藩也是每天隨看隨改，當李秀成把自述寫完時，曾國藩也就刪改完畢。既然要分八、九個人繕寫，說明李秀成親筆原稿是散頁或分裝成八、九份的，絕對不是寫在一本已經裝訂成冊的本子上的。今天所見到的「原稿」卻是寫在一本完整的裝訂好的「吉字中營」橫條簿上，這就難以使人相信它是出於李秀成的真跡。

「原稿」的用詞該避諱的時候不避諱，不該避諱的地方卻避諱了，如果偶爾筆誤，可以理解，而「原稿」在這方面的筆誤卻多得離奇。「原稿」的字數和記載的字數不等。據記載，李秀成共寫了5萬字，而「原稿」只有3.6萬字。如果另外1萬多字是被曾國藩撕毀了，那麼「原稿」的內容應該是不相銜接的，然而，今天所見「原稿」確實前後內容完全相連。從情理來說，李秀成被捕後，先是受到了嚴刑拷打，後又被關押在囚籠裡，時值酷暑難當的夏天，在這種情況下，要寫下這洋洋數萬言的「自述」簡直是不可思議的。因此「自述原稿」有可能是曾國藩等人模仿李秀成的筆跡憑空偽造的。

【話說歷史】

《李秀成自述》是真是假，曾國藩是否偽造《李秀成自述》，雖然學術界對此已有嘗試的討論，思想火花四濺，但遺憾的是，目前仍沒有定論。

陳勝、吳廣：
起義領袖並非貧農出身

　　在我們所接受的歷史知識中，陳勝、吳廣領導的起義，被稱為「中國歷史上第一次大規模的農民起義」。他們揭竿而起，點燃了人們心中抗秦的怒火，一時間「雲集回應」，最終推倒了秦王朝。

　　他們是率先舉起反秦大旗的功臣，至於他們的身分，自然也是處於秦王朝最底層的貧苦農民了。原因在於司馬遷在《史記》中寫的兩句話：一是「陳涉少時嘗與人傭耕」，還發出了「苟富貴，毋相忘」的自我寬慰與愁歎。二是「二世元年七月，發閭左謫戍漁陽，九百人屯大澤鄉，陳勝吳廣皆次當行」。

　　秦時的閭左住的是貧民，閭右住的是富人。古時有「凡層以富為右，貧弱為左」的說法。「屯長」一詞很關鍵，從這個詞可以推測出陳勝與吳廣當時的身

分和地位。《正韻》說：「勒兵而守曰屯。」《陳勝傳》注：「人所聚曰屯，其為長，帥也。」即一屯之主將或統帥，是秦代軍隊中的下級軍官，屬於秦二十級爵位中的第五級爵位大夫，職俸是二百石，是僅次於縣尉的帶兵幹部，這樣看來，這個「屯長」絕不是一般貧苦農民可以擔任的。

在秦代，當官為吏必須有爵位，秦律法，基層官吏是由豪帥擔任，不會隨隨便便從閭左貧民中隨意挑出充任，一般貧民也沒有資格擔任任何官職。陳勝、吳廣被任命為屯長，說明他們不是地方豪強，就是有爵位的人。

在《史記》的一些細微之處，也透露出了陳勝、吳廣與普通農民間巨大的身分差別，起義前，陳勝的第一句話是「公等遇雨……」這個「公」字，在古文中對自己來說是一個謙詞，表示對別人的敬重，「等」字則點明了人數較多。同時它還表明了，陳勝與他的對話者的身分，是根本不同的。接下來「藉弟令毋斬……」中的「藉」字的含義，應與今天人們常用的「即使」、「即令」相通，有表示退讓的意思；

33

而「弟」字則更是在眾人面前對自己的謙稱，進而說明陳勝的身分與戍邊農民是有區別的。這段話的完整的意思應該是：諸位遇到天降大雨，戍邊已經失期，按法律都得殺頭，即使兄弟我下令不斬，你們的前途也十分悲慘，因為戍邊的死者占十分之六七……「藉弟令毋斬」中的「令」字，沒有一定權勢是說不出來的，更何況還是「令毋斬」！

【話說歷史】

城邑平民出身，有冠還有字（劉邦當時便沒有字），有特殊背景，掌握著九百名戍邊農民的命運，絕非無地、無宅、無地位的貧苦農民這樣簡單。這就是陳勝、吳廣的生命軌跡。

諸葛亮：
究竟是否發明木牛流馬

　　對諸葛亮發明「木牛流馬」的愛好者，不乏其人。只是到目前為止，對於「木牛流馬」的研究，並沒有突破性的進展。

　　古今中外，向來延續通用的生產工具，都是勞動者共同創造的。就連中國的四大發明「造紙術、指南針、火藥、活字印刷術」，其中說蔡倫發明造紙，也是為了肯定蔡倫，對發展紙漿技術所做貢獻而議定的。

　　對於北宋慶歷年間，平民畢昇在雕版印刷普及的基礎上，發明了活字印刷。也難免會有所置疑，難道除了畢昇，就沒有其他人使用石刻的單體字印刷嗎！眾所周知，古今運輸的工具，獨輪車，兩輪、四輪、三輪車，都沒有具體的發明人。

　　諸葛亮是著名的歷史人物，終生身為軍謀宰相，並沒有創造什麼生產工具，也沒有發明軍事武器的經歷。因此要說「木牛流馬」是諸葛孔明發明的，很值得質疑與反思！

　　《三國演義》所述：孔明即手書一紙，付眾觀看，眾將環繞而視。造木牛之法云：「方腹曲頭，一腳四足；頭入領中，舌著於腹。載多而行少，獨行者數十裡。曲者為牛頭，雙者為牛腳，橫者為牛領，轉者為牛足，覆者為牛背，方者為牛腹，垂者為牛舌，曲者為牛肋，刻者為牛齒，立者為牛角，細者為牛鞅，攝者為牛軸。牛仰雙轅，人行六尺，牛行四步。」每牛載十人所食一月之糧，人不大勞，牛不飲食。

　　就在「木牛流馬」的造型與使用之爭，尚無眉目的情況下，要說諸葛亮發明了木牛流馬，顯然牽強無據。這就使得「木牛流馬」問題，墜入技術失傳的泥潭之中，不可自拔，而不得其解！「木牛流馬」是歷史上「明修棧道，暗渡陳倉」所在地的產物。實際是魏、蜀、吳三足鼎立時代，蜀軍通過秦巴山區，向關中岐山運輸軍需，供應糧食的器械。

可見，凡是脫離上述歷史使命及其客觀環境，談論與設想的木牛流馬，自然是不符合實際，而難以立足。

具體地說，蜀軍北上通過秦巴山區運糧，既沒有大河湖泊之水路可走，也無寬闊平坦的道路可行。除了臺階棧道，就是上下爬坡。換句話說「木牛流馬」應是一個多功能的運輸工具，既要能上下坡道，還要能步入臺階棧道。

史料記載，在陝西省漢中市勉縣的黃沙鎮，這裡是諸葛亮當年造木牛流馬的地方。據考證，諸葛亮當年在8年北伐中，木牛流馬總共用過3次，木牛流馬就是從這裡出發，走過250公里的棧道，到達前線祁山五丈原。

這豈不是說，就是現在的電動車，甚至是月球登陸車，能爬樓的機器人，也不能完成此項艱難複雜的任務。僅此，認為諸葛亮發明了「木牛流馬」的觀點和認識，就很難立足。何況帝王將相，雖寫有豐富多彩的歷史，但在器物方面有所發明者，卻是十分少見。

　　這就把「木牛流馬」問題的研究，推入簡單問題複雜化的死胡同，成為「瞎子摸象」之所為！

　　觀察「唐三藏」使用的背夾，即可看出，主體龍骨支架上端，向前彎曲。特別是比較講究的背夾的上下兩端，均用橫軸穿有幾粒轉動的輪珠。因此，要將如此的背夾，放在地面上使輪珠著地，這豈不是一輛，不能左右轉向的「四輪拖架車」嗎！就此，只要在前端的中間位置，固定一個如同小舟擺舵的槁杆，即可解決其轉向的問題。

　　以上帶轉向拖柄的四輪背夾，用「方腹曲頭，一腳四足；頭入領中，舌著於腹」之詞解說，則是天衣無縫。即是輪珠為四足；轉向柄，將伸出前端的部分稱其為腳；把伸至頂端之內的部分稱之為舌。如此可背又可拖的背夾，豈不是《三國演義》中的「木牛」嗎！至於說何謂「流馬」，則不能排除安裝鐵質輪軸的可能性。

　　由此也不難看出，在有平坦大道的地段，製造載重量可達400斤的雙轅獨輪車，如將背夾改裝成，二牛抬杠式的簡單化推車，就是「流馬」。因此更為複

雜化的研究，只能是偏題而徒勞。

　　總之，事實證明「木牛流馬」失傳的問題，實際就不存在。諸葛亮只是使用「木牛流馬」的組織者，從事運輸的勞動大眾，才是「木牛流馬」的發明人，而無需置疑！

　　還有，木牛流馬是什麼樣子，自古以來，莫衷一是。千百年來人們提出各種各樣的看法，爭論不休。此謎吸引著世世代代的探究人。

　　當年的「木牛流馬」是適合山地運輸，當時雖說是山地但並不是陡峭崎嶇的山路，而是在山上修有棧道，棧道是很平坦的。

　　現在仿製出的這些「木牛流馬」都是四條腿走的，這樣是顯然不適合在棧道送糧草。這些東西當模型還可以，結合到當時的時代背景，可是一點價值都沒有。

　　對於《三國演義》中，木牛流馬的描述，經長期以來專家、學者的探究結果，物件的真實性被懷疑和否定，一個「獨輪木推車說」似乎成了定論。早在宋代，高承就在《事物紀事》中寫道：「木牛即今小車

有前轅者，流馬即今獨推者是。」史學家範文瀾先生認為：「木牛是一種人力獨輪車，有一腳四足。清華大學古文獻研究所教授馮立升認為，木牛流馬基本上可以定論是一個獨輪車，因為綜合各種史料和各種文獻的證據來看，獨輪車的可能性最大。」

總而言之，大多數研究者、考古學家都認為，所謂木牛流馬並不是什麼真實的奇思妙想的造物奇觀，而是傳說的神化和記載者的誇張，加上後人的獵奇和想像誤會。

從當時的崎嶇山道來分析，也只有獨輪車才最有可能是歷史上的木牛流馬。至今還擺放在中國國家軍事博物館中的木牛流馬，是一個普通的獨輪車，只是在前面上部加上了一個用木頭雕刻出來的牛頭，前面下面加上了兩個支棍而已。以附庸於三國演義中的木牛流馬傳說的型似。依此，人們已經基本可以弄清木牛流馬是什麼了。

【話說歷史】

諸葛亮是中國歷史上一大傳奇人物,一直以來大家都以為木牛水馬是他的一大發明。此文卻說明原來並非如此。不知讀者是否有種上當受騙的感覺?但是,不管怎樣,相信諸葛亮依然是大家崇拜的對象,依然具有傳奇色彩!

Chapter 2

「千古罪人」冤案——

有些人有些事
或許被人們誤讀了

Throw Away All the History

長平之戰：
趙括替廉頗背黑鍋

　　在多如繁星的戰國武將中，趙拓一直是後世記住的典型。因為幾千年來，他已經成為軍事中「紙上談兵」最具代表性的反面教材。然而，幾千年來的譏諷，是否就能說明趙拓只是一個不注重實際經驗的草莽將軍呢？

　　長平之戰是戰國時期有名的戰爭，那是一段極具悲劇性的、波瀾壯闊的、血腥而且具有轉折性的歷史。長平之戰，持續三年，趙軍落敗，近五十萬趙國將士的生命消逝，趙國由盛轉衰，歷史也把這樣的重責推到了趙括身上。

　　但是當人們正視這段歷史時就會發現，趙拓這樣一個以身殉國的忠勇軍人，被後人們這麼誤解是極不公平的。那麼趙拓是否應該為這樣的歷史悲劇背上責

任？趙軍失敗的原因到底在哪裡？是趙拓？他在戰爭
之中有著什麼作用，又犯了哪些錯誤？

　　一次戰爭的失敗，並不是偶然的結果，必有其內
在原因。量變引起質變以的原理大家都懂，當人們在
給趙拓定罪的時候，必然要先要瞭解這場戰役的前因
後果。

　　長平之戰之始，趙國以廉頗為將對陣秦國，可以
說這場突發性的戰爭與趙拓沒有多大關係。廉頗出
戰，人心所向，因為他沉穩持重，無懈可擊，人們對
廉頗也都心存佩服。但是，在長平之戰中，他卻犯了
一個嚴重的錯誤。

　　戰爭初始，廉頗主動採取堅守戰的戰略，以圖與
秦軍拼消耗，讓秦軍知難而退。這種戰略與趙國的地
理環境、戰略環境極不符合。

　　趙國是戰國時期有名的軍事強國，趙軍在與對匈
奴、胡人的戰爭中，練就了強大的戰場突擊力量，趙
軍最擅長的就是進攻戰，但是最不擅長的就是消耗
戰。因為消耗戰不僅是時間的消耗，也是糧食、人力
以及軍械的強大消耗，對趙國而言，消耗戰其實相當

不利。然而，趙國的政治集群卻沒有充分認識到這
點。

另一方面，秦軍卻是最擅長防守戰。所以當廉頗
在戰爭之初採取消耗戰的戰略方針時，他就已經喪失
了自己在戰場上唯一的優勢，以自己的弱點去拼敵人
的長處，相當於以卵擊石，戰爭形勢已經完全順著秦
軍的脈絡在走，這場戰役趙國已經開始處於下風。

秦趙長期的消耗戰，最後趙國增兵近五十萬，在
物資、軍隊、軍械上的重大損耗，給了趙國政治群體
脆弱的心靈再一次沉重的打擊。讓趙國貴族失望的廉
頗被替換下陣，只是時間問題。此時，趙拓作為長平
之戰的重要人物出場了。因為趙拓最擅長的就是進攻
戰，所以當趙國政治群體看到廉頗的消耗戰並沒有為
趙國帶來意想中的勝利之時，他們就果斷地換上了趙
拓，希望以另外一種完全相反的方式重新改變戰爭形
勢。

然而他們沒有考慮到的是：臨陣換將對主帥和戰
士帶來的巨大心理壓力，以及當時已經完全形成的對
壘戰形勢，秦軍氣勢大盛，趙國卻在強大的消耗戰面

前早已氣勢漸短，戰爭形勢早已形成定局，豈是一個趙拓就能改變的！趙拓入主趙軍，已先輸一籌，這並不是趙拓的錯。

這樣的形勢，使趙括入主長平後，只有一個選擇，就是進攻。趙國不能再繼續消耗，需要儘快結束戰爭，守不得，退不得，所以只能選擇主動進攻。另外，趙拓失敗與其輕敵有很大關係，他輕視了「常勝將軍」白起的能力。

長平之戰之始，秦國以王齡為將，後來秦王與白起密謀換將，讓趙拓以為與自己對陣的只是戰略進攻上弱於自己的王齡，而不知自己真正的對手是戰神白起，所以才敢如此輕敵，才敢明知有虎，偏向虎山行，也給趙軍覆滅埋下了伏筆。

趙拓帶軍深入，抵死反擊，對秦軍帶來了極大的傷亡和損失，但最終仍逃不了失敗的結局，以身殉國，這是值得後人敬佩的。但也是這樣的絕地反擊，使秦國在騙降趙軍以後，報復式的屠殺趙軍以洩憤。

從以上可以看出，長平之戰的失敗，並不在於趙拓一人軍事上的失誤，趙軍在戰爭之始已經陷入了嚴

重的戰略錯誤之中，廉頗用兵失誤，趙拓接替他繼續戰爭，形勢已定，並不是他個人能夠扭轉，而趙括只不過是代替廉頗品嘗了慘敗的苦果。

【話說歷史】

　　歷史背後往往有著不可直說的故事，一場戰爭的失敗，究竟誰是罪魁禍首，還需要仔細辨別。

劉禪：
並非「扶不起的阿斗」

　　劉禪，小名阿斗，是三國時期劉備的長子。西元223年劉備病故，劉禪繼位，史稱劉後主，在位41年，後被魏國滅亡。在後世眼中，劉禪的形象始終是碌碌無為的庸主一個，更有甚者稱之為「亡國之昏君，喪邦之庸人」。現在人們口中所說的「樂不思蜀」、「扶不起的阿斗」都是從劉禪身上出來的。

　　然而劉禪真的是「扶不起來的阿斗」嗎？假若劉禪真是扶不起的阿斗，如此昏庸之輩又何以在位41年？因此認為劉禪雖沒有雄才大略，可也談不上是十足的昏君。劉禪能領導蜀國41年，其實還是有他的過人之處。

　　在劉禪漫長的政治生涯中，曾有諸葛亮、蔣琬、費禕、姜維等大智大勇之人相繼輔佐過他，生活在劉

備、諸葛亮這樣巨星環繞的環境裡，劉禪即使是有光也發不出來了。

　　《三國志》記載，劉備臨終前曾囑咐劉禪：「汝與丞相從事，事之如父」。所以諸葛亮在世時，劉禪對他就十分敬重，視孔明如父，委以諸事，不加干涉，基本上都是「就按丞相說的辦吧!」。後來諸葛亮要北伐，劉秀即使自己在心中對諸葛亮窮兵黷武的一味北伐有成見，但也都憋在心裡不說，充分表現了他嚴格執行劉備的教導以及對長輩的尊重。

　　從這件事上還可以看出，劉禪不和諸葛亮爭執，其實一直都是在保持統治階級內部的穩定，進而最終得到實惠的還是平民百姓。諸葛亮去世後，劉禪仍能繼續領導蜀國30年，休養生息，無為而治。就單憑能讓皇權維持這麼長時間而又沒出什麼大亂子這點來看，劉禪並非如史評的那麼昏庸。

　　再看看中國歷史，人們都知道中國歷代末代帝王，幾乎都是橫徵暴斂，政治腐化、宦官專權，戰爭不斷，民不聊生。可是劉禪沒學他們，至少在他的統治下沒有民不聊生。與劉禪相比較，南唐後主李煜除

了會寫詩詞之外，他連阿斗的一半都不如。

　　劉禪生活腐化時，學者周譙和老臣董允上書勸諫，劉禪最多也就是無可奈何，而不是一怒之下大開殺戒。後主劉禪可能是中國歷代帝王裡，對大臣動刀最少的一個了，這點非常難得。

　　易中天在他的著作《易中天品三國》中也認為扶不起的阿斗其實很聰明。「諸葛亮去世以後，劉禪立刻廢除了丞相制度，命蔣琬主管行政，命費褘主管軍事，將原本集權於諸葛亮的權力一分為二，讓兩人相互制衡。蔣琬去世後，劉禪乾脆自攝國政。」在易中天看來，劉禪分權制衡的方法是十分明智的，而且這也不是一般人可以想出來的辦法。

　　西元263年，當魏國三路大兵兵臨城下的時候，劉禪選擇了投降。雖然大多數人覺得這是因為劉禪懦弱、愧對列祖列宗，但從另一個角度看，劉禪此舉是為了讓百姓免受戰火之苦。

　　投降魏之後，劉禪便被世人嘲笑為「樂不思蜀」。作為一代君王，即使再昏庸也不該愚蠢到這個地步。其實，劉禪是用了超高水準的偽裝讓晉公司馬

昭放棄警惕而已，明哲保身，躲開殺身之禍，畢竟留得青山在不怕沒柴燒。然而在這樣的偽裝背後，每當想起西蜀的那片土地，想起父親的亡靈，劉禪又為此流下了多少次眼淚？他的傷感又有誰人知曉。

【話說歷史】

劉禪領導的蜀國一直處於弱勢，然而卻能在亂世中存在41年來，這又豈是扶不起的阿斗所能為之？對於歷史的看法，向來是眾說紛紜，各執一詞。

光武帝劉秀：
蒙受「不白之冤」

漢光武帝劉秀在東漢時期創造了「光武中興」的盛世局面，使得當時的政治、經濟、文化等獲得了一定程度的發展，在中國歷史上是一位稱得上有所作為的皇帝。

然而如此勤政為民、為後世所稱讚的皇帝，在他的人生中也有不完美，居然被認為是貪圖酒色、濫殺功臣之人。那麼，歷史究竟如何？關於光武帝的「不白之冤」，要從與他有關的兩個戲劇入手來談。

一個是《上天臺》。戲劇中說道，開國元勳姚期的兒子姚剛打死了仗勢欺人的國丈郭太師，而郭太師是劉秀寵妃郭氏的父親。

劉秀念姚氏父子有功於國，於是便從輕發落，將姚剛發配湖廣，留姚期在朝中繼續為官。

然而郭妃覺得不公正，為了替老爹報仇，於是便設計將劉秀灌醉，劉秀醉酒後聽信郭妃的讒言，錯斬了姚期。因此，劉秀貪圖酒色、濫殺功臣的罪名就被世人所流傳。

另一個是《打金磚》（又名《蘭逼宮》或《二十八宿歸天》）。姚剛將國丈郭太師打死後，姚期便綁子上殿請罪。可是不巧的是劉秀喝醉了酒，於是便傳旨立即將姚期滿門抄斬，文武百官驚恐，都上殿保本，也被一併殺害。

後來開國功臣馬武手持金磚闖入後宮，威脅如不改旨意就要打死劉秀，劉秀被迫答應赦免姚期，可是為時已晚，於是馬武就用金磚擊頂自殺身亡。劉秀酒醒之後，愧疚難當，加上陰魂現身索命，一命嗚呼。

上面兩齣戲劇，儘管劇中主要人物都是歷史上的真實人物，但戲中所演故事和人物性格，都和真正的歷史不相符合。

首先，戲中說劉秀寵愛郭妃，稍微通曉歷史的人都知道這並非事實。劉秀一輩子只有三個女人：陰麗華、郭聖通和「無寵」的許美人，而他一生只愛陰麗

華一個女人。

劉秀長期征戰，身邊沒有一個女人，與陰麗華初次見面時，他發出感歎「娶妻當得陰麗華」。幾年之後，劉秀終於如願以償，娶陰麗華為妻，那時劉秀已經28歲了。

可是後來因為政治上的一些原因，劉秀不得不娶郭聖通。劉秀稱帝後，本想立陰麗華為後，但是陰麗華堅決推辭：「困厄之情不可忘，而況郭貴人已經生子。」他不得已才立郭聖通為皇后。

此後，劉秀每次出征都將陰麗華帶在身邊，盡可能減少陰麗華獨自在宮中的機會，避免皇后的輕慢。最終，劉秀還是廢除了郭聖通，立已經40歲的陰麗華為皇后。

劉秀先於陰麗華之前去世，陰麗華死後，與劉秀合葬在他的陵寢之中。不得不說，光武帝劉秀是個癡情的帝王，又怎會因貪圖美色而枉殺忠臣呢？其次，光武帝劉秀是東漢「中興明主」。

他與臣子之間的關係是非常和諧的，他對功臣從不猜疑。《後漢書》中曾稱讚他「明慎政體，總攬權

綱，量時度力，舉無過事」。當時的大將馮異，手握重兵，專守關中，獨當半壁江山。因此有人上奏章說他「專制關中，斬長安令，威權至重，百姓歸心，號為『咸陽王』」。

當時馮異感到十分恐慌，於是上書謝罪，而光武帝卻對他說：「將軍之於國家，義為君臣，恩猶父子，何嫌何疑，而有懼意？」還有大將朱鮪，曾對抗過劉秀的軍隊，而且參與過謀殺劉秀哥哥的活動。

光武帝稱帝後派人說降：「舉大事者不忌小怨，鮪今若降，官爵可保。」朱鮪降服於劉秀後，光武帝拜他為平狄將軍，封為侯爵，傳封累世。

可見劉秀是明事理之君，同時也是愛才之人，並不會因為奸佞之人的挑撥就會誅殺忠臣。那麼光武帝劉秀為何會蒙受「不白之冤」？其實這與那些戲劇產生的歷史背景有一定關係。

《上天臺》、《打金磚》等戲取材於《東漢演義傳》，是明朝萬曆年間學者謝詔所作。明朝初年，朱元璋大肆誅殺有功之臣，導致很多士人不滿，可是礙於法律森嚴，人們只能敢怒而不敢言。到了明朝中後

期，法禁稍微有所鬆綁，於是一些文人志士便採取移花接木的手法，用前朝皇帝為主人公，編成小說，借古諷今。這樣既可以避免當時朝廷的追究，又可以抒發心中鬱結之氣。

【話說歷史】

文人們根據演義故事，發揮想像，扭曲了劉秀的真實歷史，編造出了以上的戲劇，讓劉秀蒙受不白之冤。

項羽：
「火燒阿房宮」之冤

　　西元前221年，秦王嬴政建立起龐大的秦帝國，隨後他以舉國之力開始了三項巨大的建築工程：長城、始皇陵與阿房宮。阿房宮被稱為「天下第一宮」，它的規模甚至比埃及金字塔還要壯觀。但是，兩千多年後，人們仍然感歎於秦長城的雄偉和始皇陵的肅殺時，阿房宮卻因為戰火的焚毀，離開了人們的視野。

　　秦始皇統一全國後，國力日益強盛，國都咸陽人中增多。始皇三十五年（前212年），在渭河以南的上林苑中開始營造朝宮，即阿房宮。由於工程浩大，始皇在位時只建成一座前殿。

　　據《史記‧秦始皇本紀》記載：「前殿阿房東西五百步，南北五十丈，上可以坐萬人，下可以建五丈

旗，周馳為閣道，自殿下直抵南山，表南山之巔以為
闕，為複道，自阿房渡渭，屬之咸陽。」其規模之
大，勞民傷財之巨，可以想見。秦始皇死後，秦二世
胡亥繼續修建。唐代詩人杜牧的《阿房宮賦》寫道：
「覆壓三百餘里，隔離天日。驪山北構而西折，直走
咸陽。二川溶溶，流入宮牆。五步一樓，十步一閣；
廊腰縵回，檐牙高啄；各抱地勢，鉤心鬥角。」可見
阿房宮確為當時非常宏大的建築群。

　　楚霸王項羽軍隊入關以後，看到阿房宮如此奢
華，聯想到秦王朝殘暴的統治，不由得恨由心生，一
怒之下將阿房宮及所有附屬建築縱火焚燒，化為灰
燼。杜牧在《阿房宮賦》裡曾經這樣感歎：「楚人一
炬，可憐焦土。」意思是說：楚人項羽的一把火，令
阿房宮化為焦土。所以人們對項羽火燒阿房宮的事情
深信不疑。

　　這千百年來一直流傳的說法，令許多人信以為
真。但是在阿房宮建造2000多年後的今天，考古學家
卻提出：阿房宮根本沒有建成，也沒有被火燒。

　　由考古隊經過一年多的勘探和試掘，發現阿房宮

前殿的夯土台基上沒有火燒過的痕跡，也沒有見到秦
代宮殿建築中必有的瓦當及瓦當殘塊。研究員稱，考
古隊經過詳細的調查，沒有傳說中的阿房宮，項羽火
燒阿房宮的說法也遭到否定。

　　項羽火燒阿房宮是千百年來一直流傳的說法，很
多人對此深信不疑。杜牧在《阿房宮賦》中也將阿房
宮的突然消失歸咎於項羽，但是，「楚人一炬，可憐
焦土」可能完全是詩人的一種臆想。透過考古發掘，
專家在阿房宮前殿遺址沒有發現被大火焚燒的痕跡，
透過考古工作，發現項羽當年燒的只是秦咸陽宮的建
築，而不是阿房宮。司馬遷《史記》中記載的項羽
「燒秦宮室，火三月不滅」指的應該是秦咸陽宮而非
阿房宮。

　　傳說中的阿房宮遺址就是後來人們看到的前殿遺
址，這在古文獻中記載頗多，但從發掘來看，阿房宮
的前殿其實只完成了夯土台基的建築，其他工程尚未
動工。而專家既沒有發現秦代宮殿建築中必不可少的
建築材料—瓦當，也沒有發現秦代宮殿建築的遺跡，
如牆、殿址、壁柱、明柱、柱礎石及廊道和散水及窖

穴、排水設施等等。於是專家們提出了這樣一種觀點：
阿房宮只建成了有東、西、北三面牆的夯土台基，三
面牆所圍範圍內並沒有秦宮殿建築，因此，阿房宮當
時並沒有建成。

為了印證考古發掘得出的結果，專家再次考證了
歷史典籍。當初秦始皇下令修建阿房宮的時間是西元
前212年，但在西元前209年，他就突然病死在出巡的
途中。在這之前，阿房宮和秦始皇陵是同時進行的兩
大工程，為了儘快安葬秦始皇，秦二世不得不決定停
止阿房宮的工程，搶建秦始皇陵。

從秦始皇計畫修建阿房宮那天算起，阿房宮前殿
的工程總共歷時不到4年。但是這麼巨大的宮殿，在
短短的幾年是很難完成的。

而且，關於項羽火燒阿房宮、火三月不滅的說
法，秦漢時期的文獻資料中並沒有這樣的記載，可能
是後人對古文獻的錯誤理解。《史記‧項羽本紀》
中說項羽在咸陽屠殺民眾，「燒秦宮室，火三月不
滅」。這裡所說火燒秦朝宮室的地點在咸陽。《史
記》中其他各篇更明確地說火燒秦朝宮殿的地點是咸

陽。《高祖本紀》說項羽「屠燒咸陽秦宮室」，《秦始皇本紀》也說項羽「遂屠咸陽，燒其宮室」。秦咸陽是秦朝首都，所燒毀的也是首都宮殿，根本不是秦朝時代地處渭水之南的上林苑中的阿房宮。

　　不過也有專家說，在現有地方沒有發掘出阿房宮，並不能說明就沒有阿房宮，或者阿房宮沒有建成，可能只是前殿沒有建成而已，也可能是建在了別的地方。

　　【話說歷史】

　　不管阿房宮有沒有最後落成，都已經隨時間的流逝而湮沒在歷史之中，但阿房宮留給人們的無盡的想像和震撼，仍將持續。

虎毒不食子：
武則天有沒有掐死親生女兒

　　一直以來，「武則天為奪取后位，掐死了自己的親生女兒，嫁禍王皇后」的說法在民間廣為流傳，這個說法也得到了許多正規史學著作的認同。但是，有學者提出，從種種跡象和史料來看，武則天其實並未「扼喉絕繈褓之兒」。

　　武則天在中國歷史上橫空出世，是一個歷史奇蹟。但是，成功地獲得皇位的武則天，卻付出了很大的代價。作為一個女皇帝，在男權至上的古代社會裡是很讓男人們恐慌和不平的，特別是那些整天搬著經書之乎者也的所謂正人君子，更恨不能把她打入十八層地獄永世不得翻身，才能宣洩他們心中的恥辱和憤怒，因此把武則天視為妖魔的思想一直佔據著傳統史學的主流地位，而「武則天掐死了自己的親生女兒」

這種說法就是一個典型事例，並且還越傳越真實了。

但是，翻開當時的史籍記錄，不論是《唐會要》還是《新唐書》，多是強調小公主之死給王皇后帶來的危機，而沒有直接說小公主就是被母親武則天殺死的。並且，王皇后的危機也不是從小公主之死開始的。而後來王皇后被廢，也沒有證據顯示公主之死發揮了作用。

其實，王皇后的危機，早在武則天入宮之前已經顯現。王皇后雖然出身名門，但是她跟高宗的關係似乎從很早開始就存在問題。高宗與蕭淑妃連續生育一兒兩女，《唐會要》裡說「時蕭良娣有寵，王皇后惡之」。武則天能再次進宮，全拜王皇后所賜，而王皇后的動機主要就是為了利用武則天打敗蕭淑妃，即「欲以間良娣之寵」。但是事與願違，武則天「既入宮，寵待逾於良娣，立為昭儀」。王皇后引狼入室，蕭淑妃因此失寵，武則天後來者居上，王皇后依然不得寵愛。

唐高宗不喜歡王皇后才是王皇后真正的危機所在。也正是因為皇后有如此的危機，她的舅舅柳奭才迫不

及待醞釀確立太子的事情。《新唐書・李忠本傳》中
說：「王皇后無子，後舅柳奭說後，以忠母微，立之
必親己，後然之，請於帝。又奭與褚遂良、韓瑗、長
孫無忌、于志寧等繼請，遂立為皇太子。」皇帝李治
開始並沒有同意皇后的請求，但是迫於長孫無忌等朝
中重臣的壓力，只好妥協同意。文字記載得很清楚，
立李忠為太子，就是為了穩定王皇后的地位。而這個
時候，武則天與唐高宗的第一個兒子尚未出生，更不
要說公主之死了。

確立李忠為太子，並沒有解除王皇后的地位危
機。就在太子確立後不久，唐高宗與武則天的第一個
兒子出生。這個兒子被命名為李弘，而李弘這個名字
本身就意味深長。南北朝以來，道教為主的社會傳播
管道，一直盛傳「老君當治」、「李弘當出」的讖
語，宣傳李弘為真命天子。根據唐長孺先生的研究，
唐高宗和武則天給自己的兒子命名為李弘，就有應讖
而為的意思。而當時李忠已經確立，這不正暗示著對
李忠的不認可，對王皇后的某種不承認嗎？說王皇后
的地位危機來自武則天的攻擊，不如說來自唐高宗長

久以來對她的冷淡，而唐高宗為兒子取名為李弘，其實已經預示著皇后有更大的危機。明確地說，這個時候唐高宗如果還沒有換皇后的念頭，這些問題都無從解釋。

在《唐會要・武后傳》、《舊唐書・武則天本紀》和《新唐書・王皇后傳》的記載中，在描述雙方鬥爭的時候，立場有所不同，但是武則天的勝利卻是公認的。所以，廢黜王皇后在唐高宗這裡根本沒有感情障礙，障礙只在朝中大臣而已。對於唐高宗感情脈搏瞭若指掌的武則天，對於已經失敗的王皇后的繼續打擊，有必要付出親生女兒的生命這樣沉重的代價嗎？何況，唐高宗採取步驟推動皇后被廢的時候，申訴的理由是「皇后無子」，從來沒有一句談及皇后殺死公主的事情。

後來，李敬業在揚州起兵時，駱賓王聲勢浩蕩的《討武曌檄》裡並沒有提及武則天掐死小公主的事情。如果確有其事，哪怕僅有一點點傳言，駱賓王會手下留情嗎？這說明在李敬業起兵討伐武則天的時候還沒有這種傳言。

　　另外，在唐憲宗時期成書的《大唐新語》和被公認為對唐朝歷史寫得最客觀的《舊唐書》裡，也沒有提到什麼公主被謀殺的事，關於這位小公主的死亡，只是記載她是武后的長女和死亡的事實而已。更奇怪的是，小說裡明明繪聲繪色描述武則天偷偷掐死自己的女兒，偷偷地溜出去，整個過程沒人發覺，既然沒人看見那麼作者又是怎麼知道的？

【話說歷史】

　　關於武則天掐死自己親生女兒的事情，史書上並沒有明確記載，野史上也是說法不一，或是後人醜化武則天的結果，不可全信。

黑白無常：
嚴嵩真的「無他才略，唯一意媚上」嗎

《明史》稱嚴嵩「無他才略，唯一意媚上，竊權罔利。」嚴嵩在執政期間，擅專國政達20年之久，確實做過許多不齒之事，當過執政不屑之人，被定義為奸臣可謂是名副其實。

但看問題，人們不能一概而論，不能以偏概全。實事求是地說，他一方面並非一意媚上，嚴嵩得罪世宗之處也不少；另一方面，他對政事頗多議論，特別是對正德年間的政治有所批評，並非都是一派胡言。嚴嵩此人，到底是怎麼樣的一個人，在這裡三言兩語是說不清道不明的。這要從他的複雜人生突顯的兩面性，來好好探究。

嚴嵩（1480－1565）字惟中，號勉庵、介溪、分宜等，漢族，江西新餘市分宜縣人，他是明朝重要權

臣，擅專國政達20年之久，累進吏部尚書，謹身殿大學士、少傅兼太子太師，少師、華蓋殿大學士。為中國歷史上著名的權臣之一。嚴嵩為官專擅媚上，竊權罔利，並大力排除異已，還吞沒軍餉，廢弛邊防，招權納賄，肆行貪污，激化了當時的社會矛盾。晚年，為明世宗所疏遠，抄家去職，兩年而歿。

嚴嵩之奸是有目共睹的，嚴嵩之貪也是毋庸置疑的。當年在查抄嚴嵩家時，一共查出來3萬多兩黃金，200多萬兩白銀。

但僅僅說他奸或貪似乎是不夠的，嚴嵩是一個極複雜的人。他的書法成就很令人敬佩，相傳「六必居」三個字是他寫的，後經學者考證並非如此，但這也足以說明他的書法在當時是公認不錯的。山海關的「天下第一關」也是他的手筆。嚴嵩的文學成就也很高，不少欣賞者稱道其詩詞「清麗婉約」。

透過史料還可以看出，嚴嵩由於深懂深諳「關係學」，善於籠絡世宗親信。他常常兩面三刀，委罪於人；能伸能屈，使用苦肉計。

從嘉靖二十三年到三十五年的十多年時間內，嚴

嵩先後在宜春、分宜兩縣捐金修建了四座石拱橋：宜
春秀江上的廣澤橋，下浦的廣潤橋（上浦、下浦各一
座的總稱），分宜清源河上的萬年橋，共花三、四萬
兩銀子。同時還出資修築整治了分宜縣學等等。這些
錢，雖刮自人民的血汗，建橋、辦學又有狹隘的鄉土
觀念和光宗耀祖的思想，但畢竟也直接或間接地給當
地百姓做了好事。

故而，在嚴嵩故里，時至今日，依舊時常可以聽
到對他的不同評價之聲。所以說嚴嵩並非一無是處，
此人確實並不簡單，人們不能一味認為非白即黑。

嚴嵩的悲慘結局，是他為非作歹多年後咎由自
取。在他晚年時，其傲慢態度在世宗面前漸有顯露，
引起了皇帝極度不滿。

嘉靖四十年（1561），吏部尚書吳鵬致仕，嚴嵩
指使廷推他的親戚歐陽必進。世宗厭惡此人，見名單
大怒，擲之於地。嚴嵩上密啟，「謂必進實臣至親，
欲見其柄國，以慰老境」。世宗礙於情面，答應了
他。嚴嵩密啟的內容傳出，許多官僚大為吃驚，有人
說他「與人主爭強，王介甫（安石）不足道也」。

幾個月後，世宗命歐陽必進致仕，是對嚴嵩的嚴重警告。此時嚴嵩已經82高齡了，神智、思維和執政能力已大不如前。

後來，一次道教活動決定了嚴嵩的命運。世宗召徐階推薦的方士藍道行入禁中，常使預卜禍福。

嘉靖四十一年（1562年）5月，嘉靖問道士：「今天下何以不治？」道士答：「只因賢未進，不肖未退。」嘉靖追問：「『不肖』指的誰？」道士說：「嚴嵩。」嘉靖歎了口氣，不作聲了。兩年後，嚴世藩死刑，嚴嵩罰沒家產，黜為平民。此時的嚴嵩身無分文，在祖父的墳邊搭了個草棚子安身，後來淒涼地死去。

做官為的是什麼？當官該做什麼？歷來是仕途人需要用言語和行為回答的問題。若僅為賺錢，就可能落入可惜「一生聚財無限多，聚到多時全沒了」的循環和悲劇。

《紅樓夢》裡說的好，陋室空堂，當年笏滿床，就是提醒為官者，假如身居高位不老實不守本分，早晚一場空。不多為黎民百姓打算，焉能有好下場？

【話說歷史】

當高官在身、大權在握時，該拿的拿了，不該拿也拿了；該做的做了，不該做的也亂做了。這種典型的為官兩面性做法，被人識破看透後，待到那時，嚴嵩就不僅僅是前車之鑒了。

陳世美冤案：
他或許不是拋妻棄子之人

一說到男人為了榮華富貴而忘恩負義拋棄髮妻或有錢後喜新厭舊時，便會隨口說出三個字：陳世美。

一齣經典的戲曲《鍘美案》，讓陳世美臭名昭著，成為忘恩負義、拋妻棄子的代名詞。

《鍘美案》說的是這樣的一個故事：宋朝仁宗年間，均州有一個窮讀書人，名叫陳世美。在妻子秦香蓮的支持和幫助下，埋頭苦讀，夢想求得一官半職。京城大試，陳世美進京趕考，中了狀元。被皇帝招為駙馬，當上了高官。

而他的妻子在家中含辛茹苦，歷盡艱辛。三年以後，適逢荒年，均州大旱，陳世美的父母都被餓死。正在無助之時，秦香蓮聽說她的丈夫在京城做了大官。於是她帶著一雙兒女，千里跋涉去京城尋夫。

面對秦香蓮，陳世美心想如果認了妻兒，他就犯了欺君之罪，不但功名不保，而且有殺頭之禍。

於是，他就昧著良心，派遣下屬韓琦，去刺殺秦香蓮母子。沒想到韓琦是一個俠義之士，當他瞭解到秦香蓮的遭遇之後，不忍心下手殺害秦香蓮母子，但是又不能抗拒陳世美的旨意，只好自殺了。

秦香蓮看清楚了陳世美的真面目，悲憤難忍。他拿著韓琦留下的鋼刀作為證據，到包公那裡告狀。包青天先是苦勸陳世美夫妻相認，但是被陳世美拒絕。包大人不顧來自皇室的壓力，依法升堂，鍘死了陳世美。

這樣的一齣《鍘美案》，使兩個人物名揚天下，一個是青天大老爺包拯，他從此成為中國古代鐵面無私、秉公執法的清官代表；另一個則是狀元駙馬陳世美，他從此成為人人唾罵喜新厭舊、忘恩負義的反面典型。戲曲裡面的褒揚貶抑，可謂是涇渭分明。

其實，包拯鍘陳世美這個故事完全虛構，讓人疑惑的是，明清時期的陳世美怎麼會被宋朝的包公鍘了呢？幾百年來，《鍘美案》雖然家喻戶曉，讓陳世美

臭名昭著，但據有關專家搜集的大量資料來看，《鍘美案》實乃戲曲舞臺上的一樁歷史冤案。

歷史上真實的陳世美是清朝人，並且是一個清官，因為不肯幫朋友謀官而被朋友懷恨，後來該人將戲曲《琵琶記》情節加以改造，把戲中忘恩負義的男主人公換成了他們怨恨的老同學陳世美，女主人公則換成秦香蓮，編造了一出新戲，又名《秦香蓮抱琵琶》。此戲一公演，引起了無知百姓的同情和共鳴，這就是演變至今鍘美案的故事！

至於秦香蓮，她的生活原型真名叫秦馨蓮，是陳世美的第二個妻子。夫妻相敬如賓，根本沒有戲曲中所編的那些情節。現中國丹江口市六裡坪鎮的秦家樓村，就是秦馨蓮的家鄉，但受戲曲《鍘美案》的影響，鄉親們很少有人知道秦馨蓮的名字，他們只知道秦香蓮。

至今，也有越來越多的人知道了，此「陳世美」非彼「陳世美」。

香港學者譚達先看到1981年出版《湖北民間故事傳說集》後，在香港《文匯報》副刊發表書評，特別

地介紹了這篇為陳世美喊冤的作品。隨後李征康也將搜集到的有關陳世美的傳說，發表在1986年第一期《民間文學》上，1988年由原丹江口市豫劇團演員李現遠業餘創作的劇本《陳世美喊冤》，被四川省廣元市豫劇團搬上舞臺，引起轟動。

　　從此，關於陳世美的冤情便在海內外傳播開來，引起越來越多的民間文藝學者和有關部門的研究和重視。

　　但也有一種說法認為，陳世美沒有被冤枉，專家考證出來的都是假真相。因為，在清朝之前的明朝，萬曆年間有一位自稱錢塘散人的安遇時，留下了一本書叫《包公案百家公案》，書裡第26回《秦氏還魂配世美》就有了均州人陳世美中狀元不認妻子兒女的故事，和豫劇《包青天》劇情的前半截極為相似。不論是真是假，歷史總會還原真實。留待後人分解！

【話說歷史】

　　其實從一些民間傳說不難看出，後人還是懲惡助

善的，善良永遠是人類的本性，這也是人類美好和諧的原因，相信《鍘美案》也是給那些真正的「陳世美」的人一些警告。

而清代的陳世美則著實遭了幾百年的罵名，歷史終究會還他一個公道！

代罪羔羊為恥史買單：
李鴻章究竟是「愛國者」還是「賣國賊」

　　說起晚清權臣李鴻章的時候，人們總會給予他「賣國賊」、「千古罪人」這樣貶義的評價。

　　李鴻章不僅是一位中國近代史上爭議最大的歷史人物，也是一位影響了近代中國近半個世紀的晚清軍政重臣。

　　李鴻章，（1823－1901），安徽合肥人，世人多尊稱李中堂，亦稱李合肥，本名章桐，字漸甫或子黻，號少荃（泉），晚年自號儀叟，別號省心，諡文忠。作為淮軍創始人和統帥、洋務運動的主要宣導者之一、晚清重臣，他官至直隸總督兼北洋通商大臣，授文華殿大學士。

　　李鴻章一生共簽下30多個條約，大多為不平等條約。近來隨著越來越多的史料出現，世人對這位清末

重臣也逐漸評價多元化。

1901年，李鴻章在屈辱中辭世。這位晚清顯赫一時的人物，身前和身後都遭人詬病。在他死後一百多年的今天，人們對他的評價仍是毀譽不一。

有人說李鴻章是賣國賊，歷史上那些不平等條約都是他簽的。那麼且作個假設，讓時間回到1895年，甲午戰後，在太和殿上，慈禧與眾臣們正在討論如何與日本談判的問題。

假設此時李鴻章不如當年那樣主動出使，而是換另一個大臣去簽下這些讓後人憎惡的條約，那是不是意味著，人們會把另一個人拉上歷史的審判台呢？所以是不是應該坦白地承認，人們只是要找個人來為那些可恥的歷史買單而已？

李鴻章當時處於風雨飄搖的清朝晚期，社會的混亂，體制的臃腫，大清國正在一步步走向不可挽回的衰敗境況。在那種環境下，個人的所作所為是無法改變整體趨勢的。

李鴻章作為大清帝國的一代重臣，封疆大吏，當然不願意看到自己的國家一步步走向積貧積弱、任人

宰割的境地，他自然也不願落下千古的罵名。

　　但是，李鴻章自小帶有濃重的忠君思想，既然皇帝和慈禧太后都選擇了對列強妥協退讓，李鴻章自是不敢不從。

　　而作為外交家的他，代表這個已經沒落到只剩下一張虛皮的大清國，所謂「金玉其外，敗絮其中」，他沒有強大的綜合國力作為後盾，怎能在談判桌上擁有更多的話語權？所以李鴻章也是無力回天，只有簽下一個又一個苛刻的條約，為中國帶來了巨大的民族災難。

　　由於他對這些事件負有直接責任，所以不可避免地成為口誅筆伐的對象，進而成了後人口中的「投降派」和「賣國賊」。

　　但從簽訂《馬關條約》來說，甲午戰爭時，恰逢慈禧太后六旬大壽，這個抱定「寧亡外夷，不給家奴」的清廷主宰者即主張從速和解了事，以免影響她的慶典。事實顯示，這「議和」的主謀者是慈禧太后。

　　同時，人們不應忽視這樣一個歷史事實，那就

是：此次「議和」是在清政府全面戰敗的情況下進行的。

顯而易見，在敵人炮口下的「議和」，清政府無論派誰為「議和」代表，都不可能改變戰敗受辱的地位。

由此可見，《馬關條約》的最後簽訂，李鴻章雖有不容推卸的責任，但這筆爛帳卻不能只算在他一個人的頭上。此後，經李鴻章之手簽訂的另一個重大的賣國條約《辛丑合約》，從清政府方面來說，更是由慈禧太后一手造成的惡果。

在那種形勢所迫的情況下，李鴻章沒有退路。因此不能把他蓋棺定論的說他是賣國賊。即使沒有李鴻章，難道中國就不會有王鴻章，張鴻章了嗎？他不過是清政府腐朽的封建制度下慈禧的代言人，換句話說，如果清王朝統治者不同意，李鴻章簽得了約嗎？他只是一個替罪羔羊。

長期以來，人們似乎對他的其他活動避而不談，但他作出的貢獻卻是不可抹滅的。他開創了中國史上許多個第一：

第一支完全由洋槍裝備的部隊。

第一支獨立的洋炮部隊。

第一個譯書機構：江南製造局翻譯館。

第一個語言和工程技術學校：廣方言館。

第一次公派留學生：1872年留美幼童。

第一家輪船航運企業：輪船招商局。

第一個近代平等條約：1874年《中秘條約》。

第一家大型綜合軍工企業：江南製造局。

第一個電報局：1880年設立於天津的中國電報總局。

第一條自建鐵路：唐胥鐵路。

第一所陸軍軍官學校：天津武備學堂。

第一支近代遠洋海軍：北洋海軍。

第一部海軍軍制；第一面中國近代國旗。

第一家機器棉紡織廠。

第一個海軍基地……

翻到歷史上1862年4月的上海，春寒料峭。李鴻章帶領六千多名淮勇在黃浦江畔登陸。在同太平軍的作戰中，淮軍節節勝利，名聲大震，繼湘軍之後，中

國近代史上又一支新軍崛起。淮軍開始了它將近40年
風雨興衰的傳奇歷程，其時間之長、涉及的領域之
廣、所做的事情之多，是任何同時代的政治家所無法
比擬的。

李鴻章究竟是「愛國者」還是「賣國賊」？究竟
是「好人」還是「壞人」？人們不能下最後的定論，
應該辯證地看待他的功與過，他的確有錯，但也應該
看到他對中國的近代化所做的貢獻，而不是一味的否
定他。

對於李鴻章的失敗，也不能把過錯都推在他一個
人頭上。積重難返，失敗是必然。對李鴻章來說，他
只是封建王朝裡，一個以忠君愛國為行為原則，以
「治國平天下」為目標的普通士大夫而已。歷史機緣
與巧合，把他推到了風口浪尖，成為了一個備受爭議
的風雲人物。

【話說歷史】

李鴻章的一生波瀾起伏，意氣風發過，沒落失意

過，受盡讚譽和辱罵。如今，一切都已塵埃落定。歷史的滾輪依舊向前，人們該以先人的無私與智慧為榜樣，創造出更美好的未來！

李蓮英：
不是個壞太監

「事上以敬，事下以寬，如是有年，未嘗稍懈。」太監原本地位卑賤，然而李蓮英卻憑藉著自己的行為準則，活出了「大太監」的風範。

李蓮英生於1848年，他出生在河北鄉下的一個村子裡。相傳李蓮英在進宮當太監之前是在外面替人修皮鞋的，還有個綽號叫做「皮硝李」。清宮檔案中說他是在咸豐七年時，被鄭親王端華府送進皇宮當太監的，那時的李蓮英正值少年。

說李蓮英是個好太監，其實就是講李蓮英在為人處世上的智慧和原則——把握機會，善於討好。李蓮英進宮之後先是在奏事處當差，後來被調到景仁宮。當時清宮中有個叫沈蘭玉的太監，他可說是李蓮英人生道路上的「啟蒙者」。為什麼這麼說呢？因為李蓮

英就是由於沈蘭玉的教導，才有機會在慈禧太后面前
一展風采，最終受到慈禧的寵愛。

　　相傳當時外邊流行著一種比較難梳的髮髻，宮裡
的太監宮女們怎麼整理都不像樣，偏偏慈禧太后又非
常喜歡。沈蘭玉將這個消息告知了李蓮英，並且還讓
李蓮英把這個髮髻學得精通，這樣就能讓李蓮英到慈
禧面前展示功夫了。李蓮英聽了沈蘭玉的一席話後，
回去開始練怎樣梳髮髻去了，等完全掌握這門技術
後，李蓮英便被推薦到慈禧太后的身邊，將自己嫻熟
的手法毫無保留地展示給了太后，太后大為歡心。

　　這就是李蓮英在清宮中得勢的第一步，之後他憑
著自己的本事越來越受慈禧太后的鍾愛，簡直就成了
太后肚子裡的蛔蟲。《晚清宮廷生活見聞》中就有寫
到太后是如何地跟李蓮英走的近，如何地聊得來。
「蓮英啊！咱們遛彎去呀！」這可是慈禧太后的原
話。

　　李蓮英不光是慈禧太后的親信，他在光緒皇帝面
前也能得到幾分寵。相傳慈禧領著光緒帝逃出清宮
後，到保定入住。等到夜裡太監們全都睡下後，李蓮

英到光緒帝屋裡探望，結果卻見皇帝竟然沒有睡下。請了安之後問主子為何不睡，光緒帝直截了當地指著連被褥都沒有床鋪給李蓮英看。李蓮英看到這情景後連忙下跪，抱著光緒帝的腿直哭喊：「奴才們罪該萬死！」後來李蓮英就將自己的一床被子拿來給光緒帝蓋。光緒帝從小受到李蓮英的看護，又在落難之日得到了李蓮英的關愛，他對李蓮英想必也是有著感情的。光緒帝曾經就說過這樣的話：「若無李安達，我活不到今天。」「李安達」在滿文中的意思就是師傅。

太后身邊原本是由大太監安德海伺候的，但是由於安德海招搖過市，結果為自己招來了殺身之禍。從此之後便由李蓮英來服侍太后，相比於安德海，李蓮英可是低調，安分守己多了。

光緒帝十二年，也就是1886年，李鴻章奏請朝廷派人察看他已經訓練成型的北洋水師。慈禧隨即派了欽差大臣醇親王前去，但是醇親王因自己是光緒帝的生父，害怕太后對自己起疑心。於是就向太后請奏，要求李蓮英一同隨行。這樣，醇親王為主，李蓮英為

副，共同執行欽差大臣的任務去了。

李蓮英臨上路之前，特意將慈禧太后賜予自己的二品頂戴換成了太監的四品，因為朝廷中太監最高的品級也就是四品了。由此可見李蓮英為人處世的謹慎。不僅如此，到了北洋水師的腹地時，李蓮英更加表現得出色，他不但不以欽差大臣自居，而且還主動充當著醇親王身邊的服侍者，將醇親王伺候的舒舒服服。等到回宮後，醇親王便在太后面前大加讚賞李蓮英的風範，慈禧太后也說：「總算我沒白疼他。」

李蓮英一生謹小慎微，慈禧太后過世之後他便收拾了行囊，離開清宮。

1911年，維持了百年的大清王朝終於在風雨搖擺之中徹底垮塌。

同年，李蓮英去世。

【歷史畫外音】

歷史永遠給人們留下許多謎題和爭議，也正是因為這些，歷史才變得更加有趣和耐人尋味。

Chapter 3

變節無間道誣案——

是千古奇冤，還是蓋棺定論

Throw Away All the History

臨陣叛變：
揭秦始皇的異母弟弟為何投降敵國

　　長安君成，作為秦王朝的開國皇帝秦始皇的弟弟，歷史上與他有關的記載並不多。相比於統一中國，建立了中國歷史上第一個大一統王朝的秦始皇，他的魚目之光實在難以與哥哥的珠玉爭輝。

　　他哥哥對中國的乃至世界的歷史都產生了深遠的影響，但他的一次叛變行為，卻對這個「千古大帝」乃至整個帝國都產生了影響。

　　那是一次什麼叛變行為，他為什麼要背叛自己的哥哥？

　　成是嬴政同父異母的弟弟，父親為莊襄王子異（子楚），母親是韓夫人。他比嬴政小3歲，在父親的呵護培養下，兄弟倆一起在咸陽度過了幸福的童年。就在秦王政八年的時候，嬴政準備發兵攻打趙國，成被

任命為統帥。

當時成領兵進攻趙國，本來戰爭的勝利已經近在咫尺，但出乎嬴政的意料，他一直信任的弟弟居然毫無前兆地在前線投敵叛國。之後，有關成這個人物的記載便只剩下寥寥數筆，再無詳情，就好像是一顆流星劃過夜空一樣。歷史上把這件事件被稱為，「成之亂」。《史記·秦始皇本紀》中記載到，「王弟長安君成將軍擊趙，反，死屯留，軍吏皆斬死，遷其民於臨洮。」後來有學者經過研究後指出，「反，死屯留」一文中之「死」字為衍字。

學者據《史記·趙世家》趙悼襄王六年（即秦王政八年）的記事中提到「封長安君以饒」一文中，辨明長安君成並沒有死，只是叛秦降趙後被趙國授予封地饒，也就是現在的河北饒縣，被賜封號為長安君，定居在趙國。關於成，《史記·春申君列傳》還有這樣的記載，「今王使盛橋守事於韓，盛橋以其地入秦，是王不用甲，不信威，而得百里之地·王可謂能矣。」說的是秦王派盛橋出使韓國，結果盛橋不費兵甲便在韓國的擴張中取得了極大效果，秦王一直稱讚

他有能力。據考證，盛橋即是成。

　　成出使韓國大致是在秦王政五年前後，他也因為這件事獲得了秦王嬴政極大的信任。開始在秦國的政治舞臺上嶄露頭角，大發異彩。學者說：「《始皇帝本紀》未載盛橋此事，或因其後盛橋反叛，前功不得記載。」後來，成降趙後被封為長安君，在趙國定居下來，在以後的歷史記載中不再出現。

　　但是為什麼成要背叛自己的國家，向他國投誠呢？秦王也並非庸君，是個知人善任的人；而且成在秦國是皇室貴族，身分地位都非同一般，他為什麼甘願放棄皇族的高貴身分，反而接受他國的爵位。

　　按照常理來說，就算成在趙國得到爵位，也不可能獲得真正的實權，他不可能被安置在趙國的權力中心，更不可能接觸到最機密的國事，不可能抵達權力的巔峰，他最多就獲得一個拿著俸祿任著閒職的爵位。相反的，他還會背負千古的罵名，他到底是怎麼想的？怎麼甘願捨棄山珍而選擇雞肋？這得從秦國的皇族構成談起。

　　當時的秦國共有三位太后，當時權利最大的是華

陽夫人，她既是秦孝文王王的正妻，又是楚國人，身後有著楚國作為強大的後盾。另一位太后則是夏太后，夏太后即嬴政的親祖母，莊襄王子異的身生母親。但她是韓國人，雖然一開始就依附於華陽夫人，但她卻時時刻刻記著在秦國培植自己的親信，後來為子異選側室夫人便是自己的娘家人，即後來的韓夫人。第三位太后就是嬴政的母親，帝太后趙姬。當時的趙姬剛從趙國遷回秦國，根基未穩，僅有在趙國的親信，如呂不韋、嫪毐等人

當時莊襄王駕崩後，即位的嬴政被夏太后和韓夫人視為嚴重的威脅，她們為了鞏固韓夫人之子成的勢力，便努力地為成創造任何可以立功的機會。上文所說的成出使韓國所取得的極大功績，便很有可能是在夏太后和韓夫人聯合韓系外戚的下所得到的結果。因為按照當時的時間推斷，出使韓國的成年僅15歲，便能不費一兵一卒地讓秦國得到韓國獻出的「百里之地」，這種事無論在當時還是現在看來都是件不可思議的怪事。但由於當時的秦國法律規定，身為王子，如果沒有功勞，是不能得到爵位官職的。為了讓成能

出頭，韓夫人以及夏太后不得不用盡自己的辦法幫助成鋪平一切道路。

由於成一直活在夏太后和韓夫人的保護下，並沒有感覺到來自其他勢力的嚴重威脅。但保護者的精心安排，只能照顧得了成的前半生。秦王政七年，夏太后薨。伴隨夏太后的死，韓系外戚失去了中心人物，不可避免地衰落。

韓夫人自己是個沒什麼勢力的女子，夏太后在世時，她還可以聯合夏太后與趙姬分庭抗禮，但如今，夏太后一死，她便失去後盾，相反，趙姬沒有了夏太后的約制，又自恃是秦王的生母，加上相國呂不韋的支援，趁勢排擠韓夫人和成，可以說是當然的事情。而成便失去保護傘，他的安逸的命運也因此發生了變化。為了逃避這種變化，他便選擇了叛亂，期盼能在他國找到自己的保護傘。

【歷史畫外音】

成的背叛是膽小懦弱的結果，與母親、祖母自幼

的過度保護有關。他只想到了保全自己的性命，追求
自己的榮華富貴，卻沒想過怎麼在紛繁複雜的朝廷中
建立自己的勢力，保全自己。他是個被寵壞的孩子，
一個不懂權衡利弊的幼稚的孩子。

一死易，不死難：
李陵投降匈奴的內情

在中國漫漫歷史長河中，忠臣無數，奸佞亦不少。毋庸置疑，前者自然受千古景仰，後者亦會遭萬世唾棄。然而，在忠奸分明的帝制時代，卻有一個人雖然變節卻被世人深深同情，這個人就是李陵。

李陵到底是因被滅族而甘心另事他主，還是兵敗詐降伺機滅匈，時至今日，這樁綿延達兩千多年的公案依舊是個撲朔迷離的謎。

漢武帝天漢二年（西元前99年）秋天，貳師將軍李廣利受命率領三萬鐵騎從酒泉出發，征伐匈奴。此時的李陵正擔任騎都尉，率領五千人將士在酒泉、張掖一帶教習射箭之術，防備匈奴偷襲。

漢武帝本來是要李陵負責李廣利的後勤補給的，但李陵主動要求率領五千步卒，向北深入單於王庭，

擾亂匈奴軍的注意力，使匈奴軍就不能全力對付漢軍，武帝默許了。

一個月後，李軍與匈奴八萬鐵騎在浚稽山相遇。李陵駐軍於兩山之間，大有一夫當關，萬夫莫敵之勢，連戰連捷，十天內共斬殺匈奴騎兵一萬多人。

原本按照事先的部署是他且戰且退，誘敵深入漢匈邊界。到時前有李廣利的援軍包圍匈奴軍，後有路博多負責率軍接應，這樣能滅匈奴主力於吹灰之間。但是由於李廣利妒忌李陵的軍事才能，援軍遲遲不到；路博多又不相信李陵能在匈奴軍隊最兵強馬壯的時候滅掉匈奴主力，也不願盡全力作為李陵的後援；再加上部下的出賣，單于很快知道李陵是孤軍深入，難有後援，便率軍阻斷漢軍退路，把李軍團團包圍。

被圍攻的近十天的時間裡，李陵率軍與匈奴大戰數十回合，最終因彈盡糧絕，援兵未至，兵敗投降，成了史書上所說的叛徒。

但對於李陵的投降歷史上有兩種觀點爭議不休。一種觀點是，在李陵彈盡糧絕，走投無路的時候，他只是被匈奴俘虜，並為投降。此時，漢朝聽到消息

後，便派公孫敖帶領軍隊設法搶回李陵。但公孫敖到了匈奴後無功而返。可是公孫敖由於害怕沒能完成皇上的重托而被責罰，便就對皇上說，聽說李陵在幫匈奴訓練精兵，要攻打漢朝。漢武帝聽到這個消息後，龍顏大怒，馬上下令將李陵全家斬首示眾。此時，身為俘虜的李陵聽到父母妻兒都被斬首的消息，絕望地同意了匈奴單于的招降。

另一種觀點是李陵在一開始兵敗的時候就向匈奴投降了。但李陵是詐降的，一方面是為了保護那些追隨他的士卒的性命，另一方面是為了潛入匈奴軍營，探清匈奴軍隊實力的虛實、訓練的特色，以備將來回到漢朝的時候能想出徹底打敗匈奴軍的作戰方案。同時，如果漢軍攻打匈奴的話，能裡應外合，使匈奴軍隊腹背受敵，殺他個措手不及。

然而，漢武帝聽到李陵投降的消息後，根本就不聽從其他人的意見，執意要把李陵一家斬首。當他得知家人都死了的消息後，深知自己再也回不去漢朝了，只能死心地留在了匈奴。

第二種觀點的支持者所占的人數比較多，尤其是

司馬遷、班固等文壇上的重量級人物對李陵投降的記載和評價，讓更多人對李陵的投降深表同情。

班固在《漢書・蘇武傳》中對投降後的李陵有這麼一段刻畫，蘇武在漢使的營救下得以回國的時候，邀請李陵同行。此時，李陵推心置腹地告訴蘇武說，他投降的目的原本是想找機會劫持單于，為國家效勞。卻不料漢皇不瞭解他的心志，殺了他的老母和妻兒，絕了他的歸路，令他死後亦無臉面再面對列祖列宗。就算今生有幸得以回朝，也只是平添自己的恥辱罷了，情願與蘇武永別也不願再回到故土。

事實上，李陵的投降是被多種因素所迫使得他不得不降。

一、皇帝的原因

漢武帝安排李陵為李廣利當後勤補給，心高氣傲的李陵如何肯給一個沒實力的裙帶之臣當手下，自然會自請出戰。此時，武帝非但沒有阻止，還同意李陵在沒騎兵的情況下，和號稱「馬上無敵」的匈奴軍交戰。在李陵兵敗後，武帝一心希望李陵能自殺，然而一聽到他投降便在沒有絲毫調查清楚的情況下，滅了

李家一族，絕了李陵的後路。李陵如何能不降？

二、大臣的原因

武帝後期的朝廷已經漸入奢靡的末路，外戚當權，把持朝政。李廣利能因妒忌令援軍遲遲不至，路博多能因不信而不出兵救援，但二者都沒受到懲罰，反而害的李陵受到公孫敖的誣陷而被滅族。事實上，當時公孫敖所報的替匈奴訓練士兵的人是李緒，是一位早年投降匈奴的漢都尉，而不是李陵。

三、李陵自身的因素

李陵是飛將軍李廣的孫子，李廣因曾支持梁王而極不受武帝待見，使得李陵出戰前就背負了一種皇帝無法原諒的原罪。再加上當時匈奴將領用已降的漢軍士卒的性命要脅李陵，若他不降，便立刻將所有倖存者都屠殺。他由於放不下追隨他兄弟的性命，便無法踐行「吾不死，非壯士也」的諾言，便沒能樣戰死疆場，以完名節。然而他又不甘心就這麼投降匈奴，自己的良心一直受民族大義的煎熬。

一死易，不死難，無論是詐降還是真降，李陵早已備受良心的折磨。儘管他的投降行為雖然千百年來

一直被人痛恨，但只因他是身降心不降，致使後人對他常懷同情之心，對他投降的內情也一直是爭辯不休。

【歷史畫外音】

「不成功便成仁」的儒家倫理道德觀念早已成為社會的道德規範，忠心不二，寧死不屈才是垂範千古的民族英雄。李陵的「留得青山在，不怕沒柴燒」的思想在當今社會並不難以接受，只是在那個深受儒家倫理思想影響的時代，卻只能承受千古的罵名。

金人奸細之辨：
秦檜是不是奸臣

　　一提起秦檜，絕對會有許多人說：「秦檜是一個大奸臣。」似乎打從有記憶開始，秦檜就是一個陷害忠良，無所不為的大奸臣。至今在杭州西湖邊，還有秦檜和王氏跪在岳飛像前的雕像作為佐證。秦檜的奸臣形象早已深入人心，如今還有一種說法，秦檜不僅是一個大奸臣，而且還是金人派入南宋，企圖毀滅南宋的奸細。不過事實真的是如此嗎？

　　一般都認為秦檜是金人所派潛入南宋的奸細。在西元1130年的時候，被俘到金國的秦檜突然逃回宋朝。按秦檜自己的說法是，此時恰逢完顏昌攻楚州，他「殺了金人監己者，棄舟而來」。

　　反對者認為，金人對北宋的俘虜一向看管甚嚴，尤其是高級俘虜，如皇室宗親、朝廷重臣。秦檜當時

並不是一個無名小卒，監視他的人一定為數不少，一個文弱書生怎麼可能輕易殺了所有人，成功逃出。就算他真的這麼幸運地殺了所以監視他的人，但從金朝國都會寧府（今黑龍江省哈爾濱市阿城區）到南宋都城臨安（今杭州）路途遙遠，他怎麼可能沒受到任何阻攔，輕易逃回呢？就算真的金國沿途不設防，照理來說，其他被俘虜的人也能同樣逃回，怎可能回朝的就僅他一個。

按照秦檜自己的說法，似乎存在著種種謎團難以解開，但如果說秦檜是金朝特意所派潛入南宋的內奸，那之前的種種不合理就迎刃而解了。

而且，秦檜到金國後做了最讓國人唾罵、不齒的事——替徽宗起草《乞和書》。一個向外族乞和的臣子，怎能保證他能保持堅貞不變的決心？加上秦檜逃回南宋後，由原先的主戰派轉投主和派陣營，不僅堅決反對出戰，還協同皇帝把作戰有功的岳飛以「莫須有」的罪名斬殺於風波亭。種種行徑不能不讓人覺得他是金國安插入南宋的一顆極具威力的殺傷性武器，伺機把南宋潛在的翻盤機會消滅在繈褓中。

　　然而，事實真的如人們猜測的這樣？秦檜真的出賣了南宋，棄明投暗？那為什麼南宋的史學家沒有留下任何關於秦檜金人奸細的隻言片語呢？

　　按理說，他們是最瞭解這段歷史的人！如李心傳的《要錄》中說，秦檜不是金人「奸細」，只是主和派而已。

　　徐夢莘寫的《三朝北盟會編》中也提到，前御史中丞秦檜和家屬從金軍佔領的楚州孫村中逃歸至漣水軍丁祀水寨，只使用「逃歸」二字。

　　熊克寫的《中興小記》說，秦檜從敵中歸來，也沒說到他是「奸細」。有些人會質疑，這不過是史學家的春秋筆法，為尊者諱。秦檜不過是個丞相，作為一個臣子，他還不足以有這個能力使所有文人都不敢說他不是之處。

　　而且，就算文人真的懼怕他的權勢，不敢直言，但可以隱晦地把這些資訊隱藏在行文之間，這一向是中國文人所擅長的事。但前人的文字記載中都難以找到這方面的資料，可見，說秦檜金人奸細不過是世人的一種猜測而已。

　　隨著中國考古界在2006年發掘的一宋代古墓中,發現了包括秦檜親筆遺囑在內的一批重要文物。遺囑中,秦檜首先告誡子孫遠離政治,萬莫貪戀祿位,說深知自己將「獲譴汗青」,「蒙羞萬年」,叮囑子孫不可為他爭辯,要求子孫「庶幾可得苟全性命」。

　　秦檜在遺囑中表示,對金議和是根據南宋「國情」分析下得出保全家國的唯一出路。因為戰爭需要大量物質積累,需要「暫息兵戈勤稼穡」與民生息。

　　事實上也是,一個國家如果沒有豐厚的國庫作為支持,沒有強兵能將,要和一個實力比自己強那麼多的國家開戰,不過是加速國家的滅亡,使人民更陷入水深火熱之中。而且當時的朝廷內文武不和,主和主戰各持一端,沒能達成統一意見。

　　朝廷都不團結統一,如何能奢望戰爭能取得絕對性的勝利。秦檜在遺囑中感慨,「生逢亂世,家國顛沛」,總想做點經世救國的實事,但「為實事者均不見容於當下」,深知他必將更難以見容於言官史冊。

　　從秦檜的自白和同時代人的記錄,可見秦檜並非是金國派入南宋的奸細。並沒有變節投降金國。若說

秦檜居安苟活，那他也不至於會被俘到金國。在西元
1126年，金兵突襲汴京，北宋兵敗城破後，在金人的
威脅下，宋朝百官主張立張邦昌為帝，只有秦檜等少
數人提出反對意見，要求皇帝只能立趙氏宗族的子
弟。

　　秦檜此舉，受到了國民的讚賞，但結果卻被金人
俘虜到金國。如果秦檜是個局安苟活的人，他從一開
始順從群臣意見，做個安逸太平的偽朝臣子不就可以
了，反正誰為君對他的影響也不大。

　　再說，秦檜回到南宋後身居宰相高職。此時的他
可謂是一人之下，萬人之上。他有什麼必要做金國的
奸細，難道金國真的成功滅宋，能讓他再加官晉爵，
這是不可能的。難道讓他做皇帝，這更不現實。如此
淺顯的道理，秦檜不可能想不明白，他根本沒有理由
出賣南宋以求自己的榮華富貴。

　　但秦檜卻是個實實在在的奸臣，就算岳飛案是皇
帝要他死，岳飛不得不死，秦檜自身也無能為力外，
其他的如利用自己的職權打擊和自己意見相左的主戰
派，扶持自己的擁護者，操縱權柄，獨攬南宋軍務等

等行徑都讓他成為一個不折不扣的奸臣。可見，秦檜
是個奸臣，但卻不是金人的奸細。

【歷史畫外音】

「青山有幸埋忠骨，白鐵無辜鑄佞臣」，秦檜奸
臣的形象早已深入民心。千古是非功過都由後人評
說，奸臣並不意味著就會變節，淪為奸細。每個人心
中都有一把尺，評定是非，評定值不值得去做。秦檜
如此聰明的人，怎可能做吃力不討好的事呢？

「水太涼，不能下」：
錢謙益降清又叛清

　　明末清初的才子中，沒有誰比錢謙益更備受爭議了。這位被譽為明朝「江左三大家」之一詩壇領袖，開創了有清一代的詩風。但在明朝將亡的時候，有一句「名言」比他的其他詩文更廣為流傳，至今仍傳為笑柄，那便是──「水太涼，不能下」。

　　這是怎麼一回事呢？錢謙益怎麼從一個鐵骨錚錚，與魏黨閹臣相鬥的正直漢子淪落為清朝的降臣，又怎麼會降清後又叛清呢？他經歷了什麼，以至於被乾隆帝挖苦為「平生談節義，兩姓事君王，進退都無據，文章那有光。」同時還下令銷毀他所著的《初學集》、《有學集》等一百多種著作，甚至凡有他名字的序文或列名校勘的讀物，都在禁止之列。

　　這事得從西元1645年的6月說起，清朝豫親王多

變節無間道誣案——
是千古奇冤，還是蓋棺定論

鐸率清軍勢如破竹地逼近南京，此時，明朝崇禎皇帝自縊身亡，李自成的大順政權也面臨著敗亡，尚留在南京城內的明朝大臣們，除了以死相抵或者逃命求生外，就是出降求榮了。錢謙益，這位曾經積極參與東林黨人反對魏忠賢閹黨的活動的士林領袖，在眾人眼中一定不會苟且偷生的。而且在愛妾柳如是的勸說和支持下，他對外高調地聲稱自己欲效法屈原，投水自盡，誓與國家共存亡，並率領家人至常熟尚湖。

然而，從日上三竿到夕陽西下，錢謙益一直在岸上走著，連鞋都沒沾濕一下。柳如是忍不住再勸他投河，他探手摸了摸湖水，說道，「水太涼了，不能下。」隨後便回城，並以「頭皮甚癢」為由，剃了個辮子頭，打開城門，主動向清軍乞降。

一代反奸愛國的仕子就這麼向敵軍投降，使得晚明的政壇、文壇都大受震撼，一時間，罵聲四起。錢謙益為什麼要降清呢？難道他忘卻了儒家的倫理道德，還是他中了邪，明知不可為而故意為之？

事實上，錢謙益降清，主要有三個原因：除了貪生怕死之外，另一個重要的原因，就是錢謙益捨不得

自己滿腹才華就此埋沒。錢謙益是個才子，參加科舉便一舉奪得一甲進士。他本人更是秉持封侯拜相的遠大理想，無時無刻不盼望著自己能位極人臣、光宗耀祖。可是，在晚明仕途的三起三落都讓他難以一展才華，仕途美夢終難實現。此時，恰逢清朝入主中原，是個急需人才的時代，他便期盼著自己的主動投降能贏得清朝統治者的青睞，授以重權，得以重用，使治國的抱負得以展現。而此時的清朝統治者也很適應時機地開出一系列豐厚的條件對，這些仁人志士進行招降，錢謙益難以抵受誘惑也是在所難免的事。遇到伯樂，得以重視，這是文人本質裡的一種渴求，錢謙益也不例外。

學者經過對晚明歷史進行考察後發現，錢謙益降清還有一個原因是出於對南京城百姓性命的考慮。如果主將誓與南京城共存亡，堅決抵抗清軍的話，南京城的百姓難免得浴血奮戰於烽火之中。到時生靈塗炭，死傷無數，也未必能保證守得住一座孤城。就算守得住，生活在孤城的百姓，自給自足是件不可能的事。相反的開城投降，能免卻殺戮，生靈免受塗炭，

即使錢謙益自己背負千古罵名，又算得了什麼呢？

為了保全性命，為了施展抱負，為了生靈免受塗炭，錢謙益向清朝政府低下了高貴的頭顱。可是為什麼已成變節之臣的錢謙益又不專心仕清呢？反而在投降5個月後，便向上級遞交了提前退休的辭呈，參與反清復明的行動中，再次變節呢？

事實上，錢謙益降清之後並沒有得到清廷的信任和重用。順治三年，他被授予秘書院學士兼禮部右侍郎，充修《明史》副總編輯，而實際上，這個官職不過是清廷用來裝飾門面的閒職而已。「入仕拜相」的美夢的又一次破滅使錢謙益對清廷失去了信心。加上被指大節有虧，同僚、親友對他叛降行為的鄙視，使得他備受良心的煎熬。沒有人體會他對百姓的付出，也沒有人體會到他對仕途的渴求，更不用說體會到他深深的後悔，他只能投向反清復明的隊伍，只希望得到同伴的諒解，努力挽救自己的過錯。

這從他離開清廷南歸的途中所做的詩文始見端倪。他在「臨觴莫悵青蛾老，兩見仙人泣露盤」等詩文中不時流露出滄桑之感。所謂「兩見仙人泣露盤」，

就是指甲申明朝的滅亡與乙酉弘光朝的滅亡。這種發自肺腑的故國之思，充溢於錢謙益的作品之中。

有些人懷疑錢謙益後期詩作情感的真實性，覺得這不過是一個兩度變節之臣為自己遮羞的潤色致辭罷了。但專家對錢謙益的詩文比較分析後發現，相同的懷念故國，抨擊清朝統治思想的詩作在錢謙益後期的作品中不僅數量多、涉及面廣，而且歷史久遠。相比前期詩文，錢謙益在後來的作品中對自己投降清朝痛悔不已，並表示欲以實際行動進行贖罪。如「殘生猶在訝經過，執手只應喚奈何。近日理頭梳齒少，頻年流面淚痕多」，「羨爾先知逃劫外，悔餘後死羈塵中」，這都是對自己當年不能以身殉國而變節降清，深表悔恨。

這些詩的沉痛悲憤，雖然不能抹去其變節投降的污點，但能表明他是真心愧悔。

【歷史畫外音】

「水太涼，不能下」不過是錢謙益變節的託詞，

卻是他經過多次利益分析思考最終做出的決定。就其
本身而言是個大污點，但對於民眾而言，卻不失為一
件得以免受塗炭的幸事。

　　兩度變節，其人格確有缺陷，但其本質卻是以民
為先，渴望救國救民，這倒是不能抹滅的事實。

背鄭降清：
施琅是民族英雄還是叛臣

2006年一部名為《施琅大將軍》的電視連續劇，顛覆了人們一直以來對施琅的印象，由此也掀起了一番關於施琅是否變節的討論熱潮。

施琅為什麼會背棄鄭成功，而到底背鄭降清的施琅是民族英雄，還是一個徹徹底底的叛臣？這個歷史懸案到底該如破解？

坊間的爭論聲音儼然分為三派，正方認為施琅是民族英雄。理由是，施琅收復臺灣，功在千古。反方則認為，施琅是民族敗類，只因他兩度降清，背信棄義。而中立者則認為施琅雖然在大節上有所缺陷，但也算是個英雄，只因對待歷史人物得功過兩分，不能有所偏頗。

施琅緣何兩度降清？緣何收復臺灣？他到底是何

方神聖，竟在百年之後還能引發後人不斷地討論。他
到底做了什麼事，竟讓人們無法對他蓋棺定論？

原來施琅早年為鄭芝龍的部下，後追隨鄭芝龍降
清。不久之後離開清軍加入鄭成功的反清隊伍進行抗
清鬥爭。由於具有出色的軍事指導才能，他獲得了鄭
成功的賞識，禮遇甚渥。鄭成功很多軍機祕事都與他
商議。看到這，人們不僅會產生疑問，施琅享受如此
優渥的待遇怎麼還可能心生二心呢？

這件事，源於施琅不顧鄭成功的命令私殺逃兵曾
德而引起的。臨陣逃亡的曾德被施琅擒拿歸案，鄭成
功得知後卻下令不許施琅殺曾德。哪知道施琅早已經
將曾德斬首示眾了。鄭成功勃然大怒，怒斥施琅，直
接迫使施琅離開鄭軍。

出走的施琅讓鄭成功的震怒更加火上加油，便下
令斬殺施琅的父親和弟弟，致使鄭、施之間的關係陷
入不可挽回的境地，施琅走投無路，再度投靠了清政
府，成了鄭成功的勁敵。

兩度降清的施琅因此被指責為叛徒，雖然當時的
清政府雖然已經入土中原，但並未在中國大地上獲得

人民的衷心擁護。就當時情勢論，明是夏清是夷，明是中國正朔而清是外逆，尤其是當時的明朝遺民更不甘心接受一個蠻夷外族的統治。

因此，同為漢族子弟，又舉著反清旗號的鄭成功自然而然地獲得了廣大民眾的支持，而施琅這種投清反正統的舉動，也就順其自然地被認為是「叛主」、「變節」。

但是否因此就判定施琅缺乏氣節，一頂叛徒的高帽就狠狠地蓋在了施琅的頭上，讓他永世不能超生嗎？如果擺脫狹隘的民族觀，從一個大國家、大民族的角度講，施琅的投清行動，協助了清政府統一臺灣，確立中國的版圖，維護了國家的統一和穩定，促進了兩岸經濟、文化的交流，對整個民族的發展而言是順應歷史潮流發展的需要。

既然如此，施琅投清並幫助清政府統一臺灣的做法，非但無過反而有功。從這點上看，把施琅稱為英雄一點也不過分。

然而施琅在史冊上最為人詬病的一點，就是收復臺灣這件事：因為從身分的角度講，臺灣是他的故

土。利用自己對鄭軍內部軍機秘事的熟悉，訓練不識水性的清兵，並帶領清兵攻打防線最薄弱的澎湖島，這不等於是引狼入室，不忠不孝？而從雙方勢力的角度講，清朝兵力強而臺灣兵力弱，以強兵對弱將，不能不說是恃強淩弱，不仁不義。

正是因為這個常識性的罪過，決定了施琅自收復臺灣以來便蒙受了來勢洶湧的罵名。因為從血緣民族主義上來說，施琅背叛了所歸屬的民族；從政治民族主義上講，施琅背棄了所效忠的政權。細看施琅兩度投清的經歷，與其說他是貪生怕死，還不如說他是由於與上級意見相左而被逼出走。

他不是在敵人嚴刑下變節，而是在自己的領導欲置他於死地時，別無選擇的情況下被迫再降的。而他背鄭降清後，不僅得到了清廷的重視與善待，獲得了能盡情地發揮自己的全部才能和智慧的寶貴機會，而且在客觀上也有促進了國家的穩定和發展，使得人民安居與樂業。

由於後人在評價前人的功過得失時，往往喜歡把功過與氣節相聯繫，這自是無可非議的。

　　宣傳和提倡崇高的氣節觀，乃是歷史工作者義不容辭的任務之一。問題是，有些人常用主觀的意志去看待歷史人物，愛之則揚，惡之則抑。

　　就施琅講，表面看確有氣節問題，但實際上他做了許多有益於國家和人民的事，這可說是施琅最大的氣節。

　　施琅在降清後，做了許多有益於國家和人民的事。這並不是狹隘的民族「氣節」所能評判的。那施琅投清後做了什麼有益於國家和民眾的事呢？那便是在臺灣棄留之爭中，力保臺灣。

　　施琅在成功打敗鄭氏政權後，臺灣的棄留問題就被提上議程。但是，當時朝堂上大多數官員都認為沒必要在臺灣花費兵力，設置行政管理機關。但施琅憑藉著自己獨特的目光，看到了自己故土的潛力值，在臺灣棄留之爭中，挺身而出，力排眾議，堅決主張保住臺灣。

　　事實證明，他的眼光是獨到的。清政府在臺灣設置臺灣府，推行政治經濟改革，普及教育，開化民智，把臺灣開發成為一個寶島，潛力值不斷提升。

面對施琅這麼複雜的歷史人物，面對著複雜的歷史事實，不妨持一種功過兩分的中立態度，紀念他為國為民的英雄行為，也紀念他們的勇氣、犧牲和貢獻。

【歷史畫外音】

對於一個歷史人物的評判，應該是結合當時的史實，具體事件具體分析，而不是用現代人的觀點去對一個古人的行為進行評判。運用功過兩分的中立評判標準以及儒家的中庸態度，更能合理地對一個歷史人物進行分析評價。

只要一個人是能心念國家大義，心念民族大義，能為國為民奉獻了自身力量，這樣的人就有值得讚頌和學習的一面，不應對一些小節太過苛責，畢竟金無足赤，人無完人。

真偽投降書：
李秀成是否寫了投降書

　　清朝末年，有一場農民起義震驚了天朝。它所向披靡，不僅打敗了清軍，還狠狠地打擊了外來侵略者，所到之處不僅實現了男女平等，還推行民主共和。它被視為近代中國的民主開端。這場起義運動就是太平天國運動。然而它卻在中外勢力的聯合絞殺下被鎮壓了。

　　而在太平天國後期，出現了一個重要的領導人——「忠王」李秀成。他是迄今為止太平天國人物評價史上爭議最大的人物之一。為什麼李秀成會引發那麼大的爭議，引發眾多人的口誅筆伐呢？事情的起因是他在天京陷落不幸被俘虜後，竟然一改往日之英勇，在曾國藩的囚籠裡寫下了長達五、六萬字的《親供》，即後人所說的《李秀成自述》。

　　這篇《自述》使李秀成背負了一個晚節不保的叛徒之名，給自己從數十年的英勇征戰歷程抹上了污點。但後來很多學者經過研究後發現，事情並不是那麼簡單，他們對李秀成投降書的真偽提出了質疑。他們認為這份投降書是既然是由清政府公佈的，本身的身分就比較特殊，極有可能對投降書的內容進行修改加工，所以《自述》本身就存在很大的爭議性。而且，也沒有證據證明《自述》就是出自李秀成本人親筆所寫。說不定是清朝為了政治統治的需要而捏造出來的。因此，以此書來斷言李秀成是晚節不保的叛徒，這顯然有失公允。

　　事實上，從李秀成投降到被殺，直至死後的很長的一段時間裡，《自述》的原稿一直不為外界所知。甚至連軍機處都未見其真跡。這便容易引起人們的翩翩猜想。當時李秀成被俘後，曾國藩命找了九個字跡大致相同的幕僚，對《自述》進行刪改、謄抄，並抄送了一份上報軍機處，也就是所謂的「九如堂本」。至於原稿的去處，世傳曾國藩既沒有上交朝廷，也不肯公開示人，而是私下扣留，甚至連曾氏的子孫也對

《自述》諱莫如深，嚴加保管，對外人一概保密。因此，當曾國藩的刻本，也就是《自述》原本問世後，人們就對其真實性提出了種種懷疑。

1944年，廣西通志館的呂集義前往湖南湘鄉曾國藩的老家，經過千辛萬苦，終於得以在曾家的藏書樓親閱「投降書」的原稿，抄補了5000多字，還拍攝了14幅照片，然後和原來「九如堂本」出版了《忠王李秀成自述原稿校補本》。歷史學家根據對眾多史料的探佚後，曾兩次撰文斷定這份「原稿」並不是李秀成的真跡，而是「曾國藩修改後重抄的冒牌貨」。他的理由主要包括以下三點：

首先，根據其他史料記載，《自述》是李秀成花了9天的時間寫成的，每一天寫若干頁。按照常理，全文應該有8個明顯的時間間隔，但是放眼所見現今的「原稿」的影印本，卻都是文字相連，看不出每天的間隔。而且，按常理而言，既然是每天各交一些，真跡就應該是散頁或分裝成9本，但是今本卻是一本裝訂好的本子。由此可以推測，所謂的「原稿」顯然是曾國藩派人將李秀成每天所寫的真跡匯抄在一起

的。這就不可避免會產生篡改、加工的嫌疑。

其次，根據很多史料記載，李秀成當時的《自述》共寫了5萬多字，然而今天的「原稿」影印本卻只有3萬6千多字，那少了的1萬多字到哪裡去了？難道是為尊者諱，難道是有些不可告人的祕密被隱藏，這能讓人相信其具有可靠性嗎？

第三，寫作的形式等方面大有問題存在。太平天國有嚴格的書寫規定，類似「上帝」、「天王」等詞得抬頭寫；然而「原稿」的影印本卻沒有。而且一些該避諱的字不避諱，不該避諱的字卻避諱了，如凡「清」字均不諱，而不該諱的「青」卻寫成了「菁」等。這些顯然都是違背太平天國的避諱制度的。有些人會說，這可以是李秀成筆誤造成的，但是這樣的筆誤在「原稿」中多次出現，絕不能簡單地看成是筆誤。

《自述》的真偽可以說是辨別李秀成是否變節投降的有效證據。有些相信《自述》為真的學者認為李秀成投降曾國藩是效法三國時的蜀將姜維投降鐘會。他們認為李秀成投降既不是為了榮華富貴，也不是為

了苟且偷生。有史料記載，有人問李秀成「你現在準備怎麼辦」時，李秀成就回答道：「死而已啊。」由此可見，李秀成不懼怕死。他們經過對清末的歷史研究後發現，李秀成投降是希望利用投降這條苦肉緩兵計為太平天國的軍隊爭取喘息的時間，以及保證幼天王的安全。因為當時天京失陷時，守軍不過一萬多人，而蘇、浙、皖、贛四省的交通要道都把握在太平軍手中，所以，李秀成被俘後問敵人一句「天下遂無事耶」的話，正反映出了他的心中有數。而此時被俘的李秀成所要做的首要任務是穩定人心，和使各地軍隊集中起來，得到統一的指揮。要穩定人心，就首先要掩護幼天王。要使各地軍隊集中，就首先要掩護廣德、湖州軍隊的安全撤入江西，進一步還要使敵人暫時停止攻擊，然後長江兩岸軍隊才得乘機迅速完成會師的任務。所以，李秀成才用了投降這條苦肉緩兵計。

這種猜想不無道理，畢竟李秀成生前在戰場上英勇善戰，對後期的太平天國的政治、經濟、軍事都產生了重大的影響。也許只有真正地解開《自述》真偽

之謎，這個被後世爭論了半個世紀之久的論題才能畫
上句號，才能更合理地論斷他功過。

【歷史畫外音】

「不知古人之世，不可妄論古人文辭也；知其世
矣，不知古人之身處，亦不可以遽論其文也。身之所
處，固有榮辱、隱顯、屈伸、憂樂之不齊，而言之有
所為而言者，雖有子不知夫子之所謂，況生千古以後
乎！」今人對古人功過的評論的難題，往往就是難以
真正地瞭解古人身處的境況，以致論斷容易產生偏
頗，甚至產生錯誤。

戊戌告密：
袁世凱──戊戌變法的變節者

　　一提起袁世凱，稍懂中國近代史的人都會知道這麼一位鼎鼎大名的顯赫人物。在以往的教科書中，袁世凱是被定了案的反派角色。因為他出賣了光緒帝，害死了「戊戌六君子」，導致了「戊戌變法」的失敗。因為他竊取了辛亥革命的勝利果實，導致中華民族在走向民主共和的路上前程茫茫。他還「尊孔」復興帝制，倒行逆施，就連死後也令中國大地陷入軍閥混戰的局面。他真的在戊戌變法時充當了罪惡的告密者，還是另有隱情？他真的背叛了光緒帝，還是別有苦衷？

　　袁世凱所處的時代，恰逢清朝末期，面對著列強的侵蝕，力漸不支的大清朝在光緒帝的領導下，於1898年展開了一場轟轟烈烈的新政，意圖挽救國家於

危難之中。因那年為農曆戊戌年，後人稱之為「戊戌變法」。因迴光返照式變法只持續了103天，又稱「百日維新」。隨後，一場由慈禧太后主導的政變，在一夜間否定整個新政。光緒被囚，康有為、梁啟超流亡海外等事接連發生，變化之快，讓整個帝國都摸不著頭腦。

清代宮廷最不乏謎團，這次新政起始與終結都以一種迅雷不及掩耳之勢開展，十分突然性，而其過程又一波三折，留下了重重謎團：新政期間，到底是慈禧對新政的態度起了變化？還是袁世凱的告密，出賣了光緒帝？袁世凱變節的動機到底是什麼？按照傳統的說法，袁世凱的告密是「戊戌變法」失敗的關鍵原因。慈禧政變是由於袁世凱告密而導致。究竟袁世凱怎樣告密？為什麼告密？至今仍然眾說紛紜，留下重重疑團。

變法運動，始於戊戌年四月二十三日，以光緒帝頒佈《明定國是》詔諭為標誌。接著新政上諭，如雪片飛下，向各級政府頻頻發去。守舊派則在慈禧的默許下推宕拖延，用盡全身解數地阻撓。結果新政詔諭

全成空文，帝后兩黨勢不兩立，形同水火。隨後，光緒帝意識到宮廷將有變故，自己正處在危險的懸崖邊，便命維新人士先行撤離。但以康有為為首的維新派人士誓死搭救皇帝。因此，譚嗣夜訪法華寺會見袁世凱，勸說袁世凱舉兵殺榮祿，鋌而走險包圍頤和園，實行兵變，迫使慈禧太后交出實權。

　　歷史上對譚嗣同夜訪法華寺後的事情進展有兩種不同的說法，傳統說法是：袁世凱是個兩面派，一面假裝自己的親帝黨，假意和維新派周旋，騙得光緒帝對他升官加爵，另一面則眼見慈禧的勢力根深蒂固，不願拿自己的榮華富貴冒險，決定投靠舊黨。那一夜，他用假話哄走了譚嗣同，隨後便向榮祿告密，出賣光緒帝和維新派。隔日清晨，慈禧馬上採取行動，臨朝訓政，囚禁光緒，捕拿維新派，誅殺六君子，「百日維新」遂告失敗。

　　而另一種說法則是袁世凱是真正支持維新派的。他一開始與維新人士接觸便是給強學會捐款。當時正是袁世凱作為政界新人，想要發展自己人際圈的時期，那時他便捐了500兩銀子。當時他對康有為變法

中練兵改制的條例讚賞有嘉，有意與維新人士進一步接觸，但卻因被派往天津小站訓練新軍而不得已作罷。因此，當時的袁世凱並沒有加入強學會，而無論是「百日維新」的新政，還是康梁密謀逼宮慈禧等等事件都策劃於密室中，袁世凱只是個局外人，根本不能得知詳情，可見他根本就不是新黨的人物。

　　據史料記載，後來光緒帝提拔袁世凱為侍郎，想要拉攏袁世凱的新軍作為軍事支持，欲與後黨做最後的鬥爭。但光緒帝的破格提拔，以及帝黨為了搭救光緒帝不斷地會見袁世凱，這早已引起後黨的懷疑，在帝黨準備宮變之前，榮祿就已經得到慈禧的懿旨，調聶士誠部斷袁軍進京之路，調董福詳部開赴北京。此時的袁世凱早已被榮祿軟禁。等到慈禧宣佈訓政，通緝康黨，袁世凱明白帝黨已經徹底失敗了，便和盤托出譚嗣同夜訪法華寺的政變計畫，於是慈禧誅殺六君子於菜市口。

　　由上面這個資料看得出來，太后廢帝訓政，通緝康梁是早已在謀劃中的事，無論袁世凱是否告密，扼殺戊戌變法於繈褓中的計畫早已是確定之事。只是後

來譚嗣同等人的被捕，確確實實與袁世凱有直接關係。「戊戌維新」從一開始就註定了失敗，因為單純的改良變法是難以從根本上挽救積重難返的舊中國。

有反對者堅決稱袁世凱確實是「戊戌變法」的變節者，因他在《戊戌日記》中並未諱言自己告密。《戊戌日記》中說，譚嗣同再三要求袁世凱舉兵殺榮祿，包圍頤和園，並說：「不除此老朽(指慈禧太后)，國不能保。」袁世凱聞言大驚，推辭敷衍，不肯答應。文中表明袁世凱的告密是積極的、主動的。可是《戊戌日記》存在幾個疑點。

第一，殺西太后是何等重大的事件，袁世凱如果是積極告密的話，應該馬上向慈禧的心腹，也就是慶王奕劻告密，何必一定要跑到天津向榮祿告密呢？

第二，據袁世凱說，入津拜見榮祿時，恰逢有客人來，便辭去說明天再回報。帝黨欲叛變是何等大事，把此事多延宕一天豈不是以慈禧的性命開玩笑。即使座上有客人，袁世凱是何等精明人，如何不能把客人支走？

第三，隔天榮祿回訪時，據日記所說，是和盤托

出圍園殺太后之謀，並商量如何保全光緒，但按理榮
祿應立即馳京報信，他們該保護的是慈禧並非光緒，
因此袁世凱的《戊戌日記》中所談的告密情形是不足
以相信的。

【歷史畫外音】

袁世凱是「謀國者」，是亂世之梟雄，他本該撥
亂反正、一統中華，穩居一朝之名臣排位，但歷史沒
有給他這個機會，他具有政治智慧，也具有軍事才
能，但他缺乏長遠的目光，把自己的路走絕了。如果
他沒有稱帝，如果他能看清當時局勢，如果他能多活
幾十年……很可惜，歷史沒有如果，因此，他敗在了
自己手上，敗在了歷史手上。

川島芳子：
格格緣何成間諜

　　1913年的春天，有一艘日本客輪在中國的旅順港緩緩起航，往日本的方向慢慢地駛去。在這艘輪船裡，有一個年僅6歲的中國女孩。誰也不會想到，這艘航船，這次航行，決定了這個女孩一生的命運；也沒有人想到，20年後這個女孩會成為日本侵略中國的一把屠刀。人們不禁會問，她是誰？她有什麼來歷？怎麼會有個日本名字？她做了些什麼？

　　她便是被稱為「東方魔女」的川島芳子，又名金璧輝。確切地說，她是清朝末年肅親王善耆的第14位女兒，姓愛新覺羅，名顯玗，字東珍，是一個具有清朝皇家血統的格格。翻開歷史檔案，人們不僅會發現，她不止參與了「皇姑屯事件」，暗殺了張作霖，還直接參與了「九一八」事變，並協助日本籌畫成

立偽滿洲國，甚至親自策劃導演了震驚中外的上海
「一二八」事變，緊密地聯繫在一起，從軍閥混戰的
民國初期，一直到日本戰敗投降，她，川島芳子在這
段歷史中總和許多重大的歷史事件聯繫在一起，她總
會神祕的忽隱忽現。

　　時而興風作浪，時而銷聲匿跡，但卻始終貫穿，
從未脫離。這是個怎樣的人？她為什麼會不顧自己的
中國血統身分，替外族人賣命，還殘害自己的同胞
呢？

　　這與她特殊的童年經歷關係密切。川島芳子的童
年真處於清朝日薄西山的多事之秋。在爆發辛亥革命
後，宣統帝溥儀宣佈退位，但身為肅親王的善耆堅決
反對宣統退位，在無力阻撓的情況下，便就開始不斷
地編織著復辟清朝的幻夢。

　　他發誓要趕走北洋軍閥，重回皇宮。為了實現這
個幻夢，他首先找到了日本人作為靠山，他先與日本
浪人川島浪速結為結拜兄弟，並且把自己的女兒過繼
給沒有子女的川島浪速當養女（當時的清朝皇族的男
子不許過繼給外人）。

由於川島浪速醉心於滿蒙獨立，常年往返於中國和日本，並未對川島芳子進行教育和約束，養成了川島芳子既驕橫刁蠻又獨斷專行性格。

加上每次家中聚會時總會聚滿了一群談論著如何在中國拓展疆土的學生和各種軍人。在這種環境下，川島芳子完全把自己當成了一個為天皇效忠的子民，絲毫不覺得中國才是自己的故土，才是自己該守護的祖國。這也為她策劃參與那麼多罪惡滔天的案件埋下了伏筆。

就在川島芳子17歲的時候，她被養父川島浪速強暴，徹底改變了川島芳子的人生觀和價值觀，她在自己的手記中寫道，「這一刻，我徹底清算了女性，我不願寫得過於坦率。」隨後，她便開始了瘋狂地報復男人，甘心為日本軍國主義驅使，肆無忌憚地利用男人開展自己的間諜活動。

而此時的川島浪速也有意地對川島芳子的間諜「素質」進行培訓，騎馬，擊劍，柔道，射擊，並且用心地訓練她如何收集資料，如何散佈謠言，如何製造陰謀以及如何利用美色俘獲男人。

由於川島浪速從小就給芳子灌輸「日中提攜，滿蒙獨立」的思想，使得川島芳子成了一個滿腦子想要復辟滿洲國的狂熱分子。

由於川島芳子對張作霖恨之入骨，便積極地投身到策劃「皇姑屯事件」的行動中。

川島芳子為什麼會那麼仇恨張作霖呢？一則，由於張作霖不肯和她父親以及公公合作，以致二人重振滿蒙帝國的夢想落空，相繼含恨而終；二則，這是川島芳子原本在嫁給蒙古貴族甘珠爾紮布之前，差點就成了張學良的偏房，由於張作霖的原因而致使兩家結親的好事落空。加上這是她立功的好機會，如果能一舉殺死張作霖，她一定能名聲大開，受到皇軍的賞識，在日本的地位就更加固若金湯。

因此，為了報仇，為了獲得提升的機會，她便鋌而走險地回到故土，以十四格格的身分，開始自己間諜生活的首戰。

她從一下決定要殺害張作霖開始，便馬上付諸行動，下手快狠準。她馬上到達東北，本想從張學良下手，無奈張學良紋絲不動，拿不到半點關於張作霖行

蹤的資料，她便利用自己令人垂涎的色相，讓張學良的貼身侍從鄭副官拜倒在她的石榴裙下，隨後從他那裡得到了張作霖準備乘坐慈禧的花車返回遼寧的具體路線和排程，隨即向關東軍總部作了詳細彙報。

1928年6月4日凌晨五點左右，「東北大王」張作霖在皇姑屯被炸身亡，日本關東軍乾淨俐落地完成了刺殺行動，川島芳子也首戰告捷，從此備受日本特務機關的青睞。

這件事，讓川島芳子對復興滿蒙更加信心百倍，她也更積極地投身到日軍的侵華計畫中。她利用美色成為了國民黨立法院長的貼身秘書，把中方的各種祕密資料源源不斷地往日軍陣營輸送；她還利用在日本的職權，偷運婉容到天津，期望協助日本儘快建成「大東亞共榮圈」。

她還加入了負責勸溥儀成立偽滿洲國的陣營，隨後充當偽滿洲國的特使，到中國各大城市充當綏靖工作。可以說，偽滿洲國的建立，川島芳子功不可沒，因此日本關東軍論功行賞時，特別嘉獎川島芳子，授予她陸軍少佐軍銜，成為日本軍中軍階最高的女子。

　　隨著在日軍中建立了越來越高的威信，川島芳子既可以遊戲人生，過著奢靡放蕩的生活，又可以輕易主宰一些人生死。她對這種令人著迷的政治間諜生活漸漸無法自拔，真正走上了一條不歸路，成為一個殺人不眨眼的「東方魔女」。最後在日本兵敗投降之時，川島芳子被捕入獄。

　　在公開審判過程中，她一再聲明她的養父是日本人，她具有日本人國籍，中國沒有審判外國人的權利，但是川島芳子最終沒能從養父手上拿到國籍證明，而遭到審判。

　　她的身分依舊被認定是愛新覺羅・顯玗，肅清王的女兒，清代王室的格格，民國的叛徒。

【歷史畫外音】

　　川島芳子只是戰爭時代兩國不同教育下的犧牲品。在她自己看來，她為了皇軍，為了滿洲國付出了一生的努力，她從不覺得自己間諜生活是錯誤的。但是，在中國人看來，她出賣了自己，陷害了人民，出

賣了民族，陷害了國家，她罪無可恕。說到底，如果
不是她特殊的童年生活，就不會有如今這個令人髮指
的「東方魔女」出現。

Chapter 4

暗殺玄機政案——

弒君篡權是貪戀權位，
還是別有隱情

Throw Away All the History

堯舜禪讓：
第一次權利傳遞之謎

　　一說起唐堯虞舜，人們往往會想起他們的相繼禪讓。堯舜禪讓給中國的遠古歷史添上很多美好的想像空間。人們總覺得這是個「垂拱而治、天下清明」的時代。尤其是經過後代學者的加工潤色，唐堯虞舜的舉賢禪讓美談一直甚傳不衰。

　　據說，堯十六歲就顯示出了治理天下的努力，被族人推選為領袖。到八十六歲那年，已經年邁體衰，便聚集族人，讓他們推舉賢能的「接班人」，大家就推舉了品德兼備的舜。堯為了對舜加以考察，就把自己的兩個女兒娥皇、女英嫁給了他。因為虞舜是個重瞳的人（也就是眼睛有兩個瞳孔）。人們都覺得他長相怪異。父親和後母都對他極度不好，甚至合謀想要害死舜。他們幾次暗算舜，都被舜識破。但舜非但沒

有怪罪他們，反而對父母更加恭敬，對同父異母的弟弟更加關心。他用高尚的品格贏得了堯的信任，堯就把治理天下的權力交給了他，自己退居一旁養老。八年後，堯去世了，舜正式做了帝王。這就是一般歷史書上所說的「堯舜禪讓」的故事。人們稱這種說法為「舉賢說」。但堯舜這種相繼禪讓被譽為美談的行為，卻一直為人們所質疑。

最早提出質疑的是荀子。荀子在《荀子·正論》中說道：「夫曰堯舜禪讓，是虛言也，是淺者之傳，陋者之說也。」而同時代的法家代表人物韓非，非但不承認堯舜的「禪讓」行為，反而說舜和禹之所以能繼承帝位，是「臣弒君」的結果。他在《說疑》中這麼說：「舜逼堯，禹逼舜，湯放桀，武王伐紂，此四王者，人臣弒其君者也。」這並非韓非一個人的怪說，唐代的劉知幾在他所著的《史通》中引《汲塚瑣語》說：「舜放堯於平陽」，意思是說虞舜奪了唐堯的帝位後，把唐堯流放了。又說舜是給禹趕到蒼梧而死的，並非傳統史書上所記載的是病死的。司馬貞在《史記正義》中引《竹書紀年》說：「堯德衰，為舜

所囚。舜囚堯，複偃塞丹朱，使父子不得相見也。」

　　許多名家都對堯舜禪讓的行為提出了質疑，那麼中國最早有關堯舜禪讓的記錄是在何時呢？據中國現存的史料顯示，最早記有「禪讓」其事的是被譽為「上古之書」的《尚書》中的《堯典》一章。

　　除《尚書》之外，提到「堯舜禪讓」的還有《論語》和《孟子》等。但多數學者經過研究後發現，《論語》中關於唐堯讓帝位於虞舜的一段文字並非出自孔子之口，而是後人把散簡附在書後所成的。

　　而孟子對「禪讓」這件事，態度則比較曖昧。當萬章問他：「堯以天下與舜，有諸？」他回答：「否，天子不能以天下與人。」章又問：「然則舜有天下也，孰與之？」孟子說：「天與之。」他接著說道：「天子能薦人於天，不能使天與之天下，……昔者，堯薦舜於天，而天受之；暴之於民，而民受之，……堯崩，三年之喪畢，舜避堯之子於南河之南，天下諸侯朝覲者，不之堯之子而之舜；訟獄者，不之堯之子而之舜；謳歌者，不謳歌堯之子而謳歌舜，故曰，天也，夫然後之中國，踐天子位焉。」關

於舜禪位於禹，他認為是天所賜予的，這個天可以理解為天神、天子，也可以理解為人民，這是孟子所運用的巧妙的語言藝術進行的解說。

後代的學者也或明朗或隱晦地表達自己對堯舜的禪讓行為的懷疑。據《史記》記載，舜取得了行政管理權以後，便開始「舉十六相」、「去四凶」。目的是為了扶植親信，排除異己鞏固自己的統治地位。所謂「舉十六相」，就是虞舜把被唐堯長期排除在權力中心之外的「八愷」、「八元」同時啟用了。

所謂「去四凶」，就是把唐堯寵信的渾沌、窮奇、檮杌（傳說中的一種猛獸）、饕餮，同時除掉，這樣就不僅架空了唐堯，還能建立起自己的勢力圈。

把唐堯架空了之後，虞舜就開始軟禁唐堯，不准他同兒子、親友見面，再逼迫他讓位，最後把唐堯的兒子放逐到丹水。

而虞舜同樣也不是自願禪位的，這從虞舜的死可以一見端倪。歷史記載：舜南巡，死於蒼梧之野，葬於九嶷山。表面上看舜是個能體察民情的好首領，他到了晚年還到處視察，但到蒼梧地區不幸病逝了。當

聽到舜死的消息，他的妃子娥皇、女英跟到蒼梧，抱竹大哭，雙雙投水自盡。

　　試想幾千年的蒼梧之地，既非政治經濟中心，又非邊關防敵要塞，人煙稀少，舜有必要在百歲高齡跑去那南巡嗎？他能走得動嗎？還孤身一身去南巡，沒有家人照應。既然不帶家眷，為什麼後來兩個妃子投水而死？這些都是後來的學者疑問。後人不禁猜想，虞舜之所以會到蒼梧，要不是武裝押解，不得不往，要不是追兵在後，盲目逃生，二者必居其一。

　　傳了兩千多年的「禪讓」說，一旦被完全否定，也難令人信服。於是，有學者結合社會發展史加以考證，認為這是只不過是一種尋常的部落選舉的方式，後來因政治、教化的需要被後人粉飾成神聖而又光彩非凡的「禪讓」罷了。「禪讓」一制，眾說紛紜。要解開這個謎，看來還得有更充分的論證才行。

【話說歷史】
　　虞舜的禪讓一直被傳為美談，既是政治需要，亦

是教化的需要。不可避免，歷史是會在傳承的過程中被一些學者進行加工美化，他們或許是為了以史奉勸君主效仿，或許是為了以史教化民眾，但總而言之，他們對形成中華民族的傳統美德起了重要的作用，這點是不能否認的。

荊軻刺秦案：
最終為何失敗

　　荊軻刺秦王，是中國歷史上一次頗負盛名的刺殺行動，同時也被多數人認為是最失敗的一次。荊軻與秦王，近在咫尺而無侍衛在旁，一邊是養尊處優的皇帝，一邊是精於劍術的刺客，外加一把滿是毒液的匕首，為何荊軻在這麼有利的條件之下，都無法成功刺殺秦王？荊軻的失敗令人百思不得其解，言者云云。

　　很多人將荊軻失敗的原因歸咎於他的助手秦舞陽。據史料記載，起初應該是荊軻捧著樊於期的人頭，其助手秦舞陽捧著燕國督亢的地圖，兩人一同走上大殿獻給秦王。然而秦舞陽臨陣慌張，被侍衛呵斥，讓秦王起了疑心，有所防範。而荊軻一人上殿，又增加了刺殺行動的困難，進而導致刺殺失敗。

　　對於此，燕國太子難辭其咎，畢竟秦舞陽是他派

給荊軻的。一個十五歲就殺過人的囚犯，在太子丹看來竟算得上是「藝高人膽大」，難怪後人批駁他想出了一個根本不可能成功的計畫，進而加速了趙國的滅亡。

　　除上述說法外，更多的人認為，刺殺不成功，是荊軻自身的能力問題。荊軻在「圖窮匕見」後，沒能把握時機一擊致命，抓著秦王的衣袖卻被秦王掙脫。秦王在大殿之上繞著柱子跑，劍客出身的荊軻竟然追不上，甚至躲不開秦王的長劍，連番遭襲，最後死在了侍衛的斬殺之下。荊軻的刺殺如此狼狽，豈可不敗？由此不能不質疑他自身的能力問題。也許正如當時著名劍客魯句踐所說：「嗟乎，惜哉其不講於刺劍之術也！」

　　即便如此，還是有人將原因推究到了太子丹的身上。太子丹在派荊軻刺殺秦王之前曾對他說：「誠得劫秦王，使悉反諸侯侵地，若曹沫之與齊桓公，則大善矣；則不可，因而刺殺之。」按太子丹的意思，荊軻首要做的是劫持秦王，逼他歸還之前侵吞的各諸侯土地，若秦王不答應，才刺殺他。這就使荊軻在最能

置秦王於死地的那一刻有所遲疑，不僅劫持不成，更錯失了刺殺的先機，導致徹底的失敗。

【話說歷史】

關於荊軻刺秦王的歷史，即便是撰寫《史記》的司馬遷，都並非親眼目睹而記錄之，其中的因由，終究撲朔迷離，無可定論。

沙丘之謎：
秦二世胡亥矯詔奪權

　　始皇三十七年（西元前210年）7月，烈日懸空，豔陽高照，大秦帝國的出巡隊伍浩浩蕩蕩地河北平原上行走著，莊嚴，肅穆，一如之前的四次出巡。誰也不敢怠慢，因為秦始皇鐵面無私，嚴酷執法的人。但誰也沒想到這個千古一帝會在這裡突然暴斃，結束了他的生命旅程。

　　關於秦始皇的駕崩，史學界、醫學界等經過研究探侏後發現一直存在著兩種爭議。一種觀點認為秦始皇是自然死亡。他的暴斃是由於「驚恐勞累」，加上「外傷誘發結核性腦膜炎」導致。持這種觀點的人認為：小時候的秦始皇患過軟骨病和氣管炎，由於當時身處趙國，並沒有獲得很好的醫治，留下了後遺症。壯年時又不幸地患上癲癇（俗稱羊癲瘋），時常發

作。西元前218年發生了一次行刺未遂事件,使得秦始皇從此患上了驚恐症,此後便無永寧之日。

為了消災避難,也為了求取不老之藥,秦始皇在臣子的奏請下於西元前210年開始第五次巡遊。此次的長途跋涉終使他累倒,在返回咸陽途中癲癇發作,頭部撞到座位側邊的青銅冰鑒上。於是,早年集聚於腦部的結核菌開始加劇活動,使之頭痛、眩暈、發燒,加之長途跋涉的勞累使得他體質虛弱,更加重了病情。由於當時受醫療技術的限制,秦始皇不治身亡。故秦始皇死於沙丘,是多種非人為因素促成的。

另一種觀點則認為他死於「暗殺」。郭沫若就是持這種觀點的一個代表性人物。他認為秦始皇是被少子胡亥所害。其理由有:其一,秦始皇雖然頭撞到青銅冰鑒後引發了腦內的結核菌活動,但不一定馬上會死,大約還能堅持兩、三個禮拜的時間。在這段時間內,巡遊隊伍完全可以從沙丘走到咸陽,而不應該是秦始皇暴斃在沙丘,這便是問題的關鍵。其二,當時秦始皇雖然發燒,但意識還算清楚。他親自寫木簡遺詔與扶蘇,「朕巡天下,禱祠名山諸神,以延壽命,

不幸歸途疾發。今命在旦夕，其以兵屬蒙恬，與喪會咸陽而葬。」並命趙高馬上把信送到上郡給公子扶蘇。但無奈趙高與李斯串通，暗中把詔書改為「賜死扶蘇、蒙恬」和「以兵屬稗將王離」。可是，他們怕秦始皇清醒後怪罪而未敢將詔書送出時，誰知秦始皇在沙丘過了一夜便死去了。

史料記載，當第二天早上趙高、李斯打開溫涼車時，「看見始皇的右耳流著黑血，不知什麼時候早已經硬得和石頭一樣了」。郭沫若認為，「這除了胡亥一人而外，連李斯、趙高都不知道」，「假如是現代，解剖一定可以發現秦始皇的右耳裡邊有一條三寸長的鐵釘」，故胡亥為爭奪皇位暗害了秦始皇。

少子胡亥聯合臣子趙高、李斯殺害兄長，矯詔奪權，這在歷史上已成不可否認的公案，已有大量被證實的史料加以證明。然而，秦始皇沙丘暴斃一直是史家未能解密的疑案。難道真的是少子胡亥為了奪得皇權而親手將自己父親置於死地？難道瘋狂地追逐權力的高峰早已蒙蔽了他的人性？那麼如果胡亥弒父殺兄是真的，是他一人所為，還是趙高、李斯等重臣有參

與其中策劃呢？

在秦始皇沙丘暴斃這件事中，除了少子胡亥，趙高的嫌疑是最大的。當時的趙高任中車府令一職。也就是專管宮廷乘輿車與印信、墨書的宦官頭兒，並被秦始皇授命教導少子胡亥法律常識。本來第五次巡遊，上卿蒙毅也在隨行之列。蒙毅也就是蒙恬的親弟弟，為皇帝的親信，同時也是公子扶蘇的支持者。

可是當秦始皇在途中病重時，蒙毅卻被遣「還禱山川」。史家對此進行猜測，這極有可能是趙高為了幫助胡亥奪權而耍的計謀。因為隨行在秦始皇身邊的蒙毅，就相當於是公子扶蘇安放在皇帝身邊的耳目，遣走蒙毅，便等於去掉了扶蘇的耳目。加上他篡改秦始皇要扶蘇速回咸陽的聖旨，足見他的謀逆之心在秦始皇為死便初露端倪了。

在秦始皇死後，趙高馬上說服胡亥，用權威脅，用利引誘李斯的手法，迫使李斯加入謀逆三人組，一起假造秦始皇詔書，擁立胡亥繼承皇位。同時，還以秦始皇的名義指責扶蘇為子不孝，指責蒙恬為臣不忠，讓他們自殺，不得違抗。在得到扶蘇自殺的消息以

後，胡亥才命令車隊日夜兼程，迅速返回咸陽。為了繼續欺騙臣民，車隊不取捷徑，反而繞道回咸陽，擺出繼續出巡的架勢。但由於暑天高溫，秦始皇的屍體已經腐爛發臭了。為了遮人耳目，胡亥一行命人買了許多魚裝在車上以亂其臭，迷惑大家。到了咸陽後，胡亥繼位，是為秦二世。隨即大封功臣趙高和李斯等人。由此可見，若說秦始皇沙丘暴斃是少子胡亥所為，那麼趙高就是其中的主謀，李斯便是從犯。

胡亥繼位後，誅殺蒙氏兄弟、腰斬李斯、戮死十二公子等等，絲毫不見兄弟之情、君臣之義，不得不讓人懷疑胡亥沒有殺父奪位之心，也不得不讓人認為秦二世和趙高是結合在一起誅殺異己，平息國內對於他越位登基的謠言。由此可見，秦始皇暴斃沙丘與秦二世胡亥有著一定的關係。

【話說歷史】

矯詔奪權，這在中國封建社會並不少見。皇室子弟為了能得到這個天下至尊的帝位往往無所不用其極。

手段不同，結果不同，但相同的一點，便是他們如果成功後便會刻意地對自己的這段不堪的歷史進行掩蓋、美化，希望自己保留正統之名，流芳百世。

　　但史家為了還原歷史，往往會留下些隻言片語暗示後人，才使歷史如此撲朔迷離，沒有定論。

偽「周公再世」：
儒士皇帝王莽篡權之謎

「周公恐懼流言日，王莽謙恭未篡時。向使當年身便死，一生真偽有誰知」，白居易的《放言五首》一語道破了後人對王莽這個儒家皇帝的評價。

王莽是中國歷史上一個特殊的人物，他的一生幾乎與兩漢交際的許多重大歷史事件都有著或多或少的聯繫。外戚篡位、建立新朝、改革制度以及農民起義等等撲朔迷離的歷史事件遞嬗發生，這些使得後世在王莽評價的問題上產生極大的分歧。

從東漢的班固開始，王莽一直是封建史學家咒罵與譏諷的對象。雖然在這漫天討伐聲中也有微弱的幾個聲音，似乎想從公允的角度去重新認識評價王莽，但由於缺乏足夠的論證，並不能從根本改變世人對王莽的看法。但是，從歷史和經濟的角度來看，王莽真

的是「偽君子」和「空想主義改革家」嗎？如果換一個人在王莽的位置上，能不能比他做得更好？

王莽，西漢孝元皇后王政君的侄兒，中國歷史上新朝的建立者。他生活在社會矛盾空前激烈的西漢末年，由於其人謙恭儉讓，禮賢下士，被當時朝野上下視為能力挽危局的不二人選，在篡位之前他被譽為「周公再世」。

然而在西元9年，王莽代漢建新，建元「始建國」，推行新政，史稱「王莽改制」。不久，天下大亂，他死於亂軍之中，新朝隨後滅亡，成為了中國歷史上最短命的朝代之一。

史上關於王莽及其改制的評價分歧很大，見仁見智，迄無定論。但基本上可以歸納為兩種意見：其一，認為王莽是一個應該否定的歷史人物。持這種意見的人認為王莽非但不是一個有膽識的改革家，反而是一個披著君子外皮的政治野心家。他篡位前所做的事都是為了讓自己當時皇帝鋪平道路，他非但不是儒家皇帝，反而是個偽君子。而他登基後所進行的改制活動，並不是一場具有社會意義的改革，而是西漢外

戚政治的一個產物。

李鼎芳在《王莽》一書說如此說道，王莽絕不是一個改良主義者，是屬於大地主貴族豪強集團的，是當時腐化的統治集團中貪污殘暴的代表人物。他指出，生活中在風雨飄搖的西漢末年的王莽，憑藉著自身顯貴的出身和皇太后的庇護，勾結部分大商人大地主結成豪強集團，「巧言令色」地騙取了中小地主和部分人民的同情，獲得了政權，建立了新朝。

王莽在統治新朝的十五年中，推行了一系列的改制活動，企圖改變西漢末年的腐敗混亂局面。他想用復興井田制度來解決土地問題，用不准買賣人口來解決奴婢問題，用輕換重的錢幣改革，再配合五均賒貸，無論在哪一項都不能改變人民被嚴重剝削的局面。他的改革非但不能給人民帶來安定的生活，反而使人民陷入更嚴重的災難。

《中國史稿》則反復強調王莽是一個慣於耍弄陰謀的野心家。王莽改制是一系列倒行逆施的政策和措施。

另一種意見認為：王莽是一個應該值得肯定的歷

史人物。並認為王莽代表了中下層地主階級，是一個
歷史的改良主義者，而王莽變法是一次改良主義運
動。並指出，腐敗動亂的西漢末年的土地問題十分嚴
重，經常爆發農民和奴隸運動，不時地衝擊著封建王
權的穩定。當時，一般的中下層地主階級早已對於劉
家王朝喪失了信心。

　　相反的，他們祈望能出現一個有能力、有魄力的
人能出來改變這種局面，挽救地主階級政權，因此，
改良主義者和改良主義運動便應運而生。

　　王莽便是應時運而生的人物，他的出現、他的篡
位是在歷史的推進下使然的。他之所以能比他人更為
容易地爬到了政治上的最高點，是因為他有著外戚的
有利條件，他能利用裙帶關係直接進入權力中心。但
這不是王莽的錯，他決定不了自己的出身。再加上王
莽由於幼年孤貧和儒家的說教，使他深知當時政治問
題所在，及一般中下層統治階級的要求，所以他改制
是針對土地兼併、奴隸盛行、商人資本發達三個嚴重
社會問題進行的，因而獲得了中小地主的支持。

　　王莽在封建正統的史學家筆下一直被描寫成為一

個竊權奪位的偽君子、篡竊者，備受譴責和辱罵。他們認為無論王莽為改革做了多大的貢獻，為民生盡了多大的努力，他都是個篡權的人。

無論他多有才能，他只能效仿周公，盡一個輔臣的責任，他不該也不能自立為王。實際上，這種觀念是一種家天下的傳統封建觀念，按照這種論證方式，幾乎每個朝代的開國君主都是名不正言不順，都應該譴責批判的。

實際上，王莽是個很有真知灼見的人，他能在西漢統治集團腐爛到發臭的時候，提出改制。而且他是站在農民的利益角度進行制度改革的考慮，而不是維護大地主的利益，因此才遭致大地主的頑強反對最終以失敗告終。

因此胡適才說王莽是一千九百年前的一個社會主義者，受了一千九百年的冤枉，應該替他伸冤。

【話說歷史】

王莽之所以在後世背負這麼沉重的罵名，只因他

158

篡了西漢政權，奪了劉氏位。這在強調「忠孝」為上的封建時代是斷斷不能容的。縱然能「君不君」，也絕對不能「臣不臣」。只能說，王莽的罵名以及他的失敗只因他處在了一個不適合他的時代。但畢竟他的所作所為都能從民生出發，都能盡力做到利國利民，後世人就不應該全盤否認他。說穿了，他也是一個值得可憐的人物。

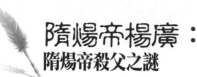

隋煬帝楊廣：
隋煬帝殺父之謎

　　隋文帝楊堅是隋朝的開國皇帝，他終結了中原大地南北分裂的局面，統一了全國。他在位期間採取了一系列加強中央集權的措施，致力於建立一個穩定、統一的國家，使隋朝在政治、經濟、文化等方面都有了很大的發展。

　　但隋文帝卻在仁壽四年（西元604年）猝死於仁壽宮，終年六十四歲。關於隋文帝的死因在史學界一直存在著爭論，到底事情的真相是怎麼樣的呢？

　　史學界一直存在著兩種觀點：一種觀點認為，隋文帝是被兒子楊廣殺害的。另一種觀點則是隋文帝是自己病死的。但大多數的觀點是偏向於隋文帝是死於自己兒子之手。

　　那麼，到底楊廣有沒有弒父殺兄呢？他為什麼要

這麼做？

　　按照大部分史書的記載，隋文帝楊堅在建立隋朝後，便封了當時年僅十三歲的二兒子楊廣為晉王，並讓楊廣做並州（治所是現在的山西太原市）總管。而太子之位則由自己的長子楊勇擔任。

　　後來，隋朝興兵滅南陳，剛滿二十歲的楊廣便被任命為統帥，在賀若弼和韓擒虎等將領的輔助下成功取下南陳。滅掉陳後，楊廣更是屢建戰功：在西元590年任揚州總管時，平定了江南高智慧的叛亂；西元600年，擊敗突厥進犯。

　　眾多的軍功是其他皇子所不能企及的，尤其是太子楊勇。楊廣看到戰功遠遠不及自己的哥哥，只因比自己年長便能輕而易舉地居於高於自己的位置，今後父親駕崩後還得聽從一個能力不及自己的人的命令，他漸漸心生不滿，產生了想取代哥哥的欲望。那麼楊廣有沒有殺兄呢？

　　事實上，為了能取哥哥而代之，楊廣可謂是費盡了心機。他將自己偽裝起來，盡可能地博得父母親的歡心，根據父母的喜惡愛好處事。相比楊廣的小心謹

慎而言，太子楊勇卻少這樣的心機。他以為自己的地位穩固，他會順理成章地成為皇帝，並不用盡什麼努力。結果，他不僅冷落了母親精心為他挑選的妻子元氏還奢侈浪費，貪好女色，使得父母都對他頗有怨氣。後來楊勇還不知收斂地越俎代庖地接受百官的朝賀，更加引發了隋文帝的不滿，這就為楊廣的奪位提供了好機會。

在楊素的幫助下，隋文帝廢楊勇為庶人，立楊廣為太子。楊廣首戰告捷。適時，楊廣為了讓自己能順利地登上帝位，並沒有對被廢為庶人的哥哥趕盡殺絕，他要留給父親一個親近兄弟，顧念手足之情的好印象。不久之後，隋文帝病重難起，楊廣則認為這是自己登上九五之尊之位的絕佳時機，便寫信給楊素，向他請教該如何處理隋文帝後事。意外的事發生了，送信人竟然誤將楊素的回信送至了隋文帝手上。隋文帝當即怒髮衝天，他想馬上責問楊廣居心何在，便宣召楊廣入宮。恰逢此時，文帝的愛妃宣華夫人陳氏衣衫不整地跑進來，向楊堅哭訴道太子楊廣調戲她。文帝頓時明白了這個兒子一直居心叵測，留在身邊是個

禍害，便馬上命人傳大臣柳述、元岩草擬詔書，想要
廢黜楊廣，重立楊勇為太子。由於楊廣在楊堅身邊安
插了不少探子，詔書還沒草擬好，當晚楊堅便毫無先
兆地駕崩了。歷史上隋文帝楊堅的死因並沒有詳細的
史料進行說明。史學界猜測，是繼任者楊廣下的毒
手，當時的史學家只能為尊者諱，不敢直書楊廣的過
錯。隨後由於年月的流逝，真正的史實被歷史的長河
湮沒了，這段歷史就變得撲朔迷離了。

　　《隋書‧后妃列傳》中對這段歷史有如此隱晦的
記載：「初，上寢疾於仁壽宮也，夫人與皇太子同侍
疾，平旦出更衣，為太子所逼，夫人拒之得免，歸於
上所。上怪其神色有異，問其故。夫人炫然曰：『太
子無禮。』上恚曰：『畜生何足付大事，獨孤誠誤
我。』意謂獻皇后也。因呼兵部尚書柳述、黃門侍郎
元嚴曰：『召我兒。』述等將呼太子，上曰『勇也』
述，嚴出閣為勒書訖，示左僕射楊素。素以其事白太
子，太子遣張衡入寢殿，遂令夫人與後宮同侍疾者，
並出就別室。俄聞上崩，而未發喪也。」《隋書》此
段記載雖未明指文帝被殺，但實際上已給世人留下推

163

猜的餘地，即文帝之死具有被謀殺的性質。因此，隋
煬帝的皇位來歷才一直引起是史學界的猜疑。

　　由於正史的記載有所顧忌，人們難以一窺其真
相。但野史的記載相比正史而言便更直截了當了。

　　最早懷疑並直接指出隋文帝死於被弒的是隋末唐
初趙毅，在其《大業略記》中說道，楊廣當時得知父
親要非廢自己的太子之位，並立刻讓楊素、張衡等人
向仁壽宮裡遞進毒藥，命令身強力壯的宮奴合力，把
毒藥灌進隋文帝楊堅的嘴裡，當時，楊堅的呼救聲傳
到宮外，但無人敢逆楊廣而進去救當時命懸一線的楊
廣。

　　不久，裡面的人便對外宣稱隋文帝楊堅駕崩。正
因為有諸多野史記載，因此自隋文帝從死至今，民間
一直盛傳煬帝弒父奪權。

　　各小說筆記均載此事，史學界也大多持此觀點。
而持此說者不僅引《大業略記》、《隋書・后妃列
傳》、《通曆》等書為直接證據，還考察了楊廣的一
貫品行。如楊堅死後，楊廣便開始秋後算帳，他假傳
文帝遺囑，要楊勇自盡。楊勇都還沒接旨，派去的人

就將楊勇拖出並殺死了。隨後把文帝后宮中的美婦收為己用，絲毫不覺得自己淫母妃是亂倫的行為。

史學家認為，楊廣在父親沒死時就敢公然挑逗母妃，在父親死後把父親的妃子充盈後宮，還借父親之名殺害兄長，難道他還會顧及綱理倫常，如此禽獸之人怎麼不可能弒父殺君呢？而且此能從案件的參與者楊素、張衡的態度可以看出些端倪。當楊素死後，煬帝曾說：「使素不死，終當夷族。」意思是，如果當時楊素沒死的話，遲早有一天會被隋煬帝滅掉全族。

楊素是幫他奪取儲君之位的首要人物，為何隋煬帝所要夷他全族？而不久之後便賜死張衡，張衡臨死時喊道：「我為爾做滅口等事，而望久活！」監刑者嚇得摀住耳朵，趕緊將他弄死。這彷彿是隋煬帝謀害父親的佐證。在種種證據的顯示下，隋文帝楊堅暴死，楊廣是難逃關係的！

【話說歷史】

隋朝的兩代君主都是以弒君的方式來奪得帝位，

讓自己登上九五之尊的皇位，隋文帝的遭遇不能不說
是他自己自食其果的報應。

　　封建社會，一個帝位到底引發了多少兄弟鬩牆、
父子翻臉無情，數也數不清，這是那個時代無法避
免、也難以挽回的悲劇。

元英宗碩德八剌：
南坡弒君玄機重重

　　南坡弒君案，也叫「南坡之變」，指的是元英宗碩德八剌在南坡被殺的大案。元英宗，元朝歷史上的第九位皇帝，是一個崇尚儒學，接受漢化，比較英明的皇帝。

　　至治三年八月五日(即1323年)，元英宗與拜住自上都(今內蒙古正藍旗東)南返大都(今北京)，途經南坡店(距離上都西南三十里)駐營。當夜，元英宗被殺。隨後晉王也孫鐵木耳(泰定帝)即位。到底是哪些人這樣膽大妄為，敢殺害皇帝？這件大案的背後又隱藏著怎樣的玄機呢？

　　這件事，要從元英宗的先祖說起。元武宗海山登基後，便封了自己的弟弟愛育黎拔力八達為「皇太子」。二人約定，實行兄終弟及，叔姪相傳，兩家輪

流坐莊的皇位繼承方式，也就是說海山之後，由愛育黎拔力八達繼承皇位，愛育黎拔力八達之後，由海山的兒子繼承皇位。正是海山兄弟的這個約定，為以後元朝皇位的爭奪埋下了禍根，也為元英宗在南坡被殺埋下了禍根，導致了元朝的政局動盪不安和短命。

按照原先的約定，元仁宗愛育黎拔力八達死後，皇位應該傳給元武宗海山的兒子。當時元武宗有兩個兒子，長子叫和世王束，次子叫圖貼睦爾，按照元朝的傳統，傳位先傳長後傳賢，則皇位理應傳給長子和世王束。

但是，元仁宗愛育黎拔力八達也有兩個兒子，長子就是碩德八剌，次子叫兀都思不花，都比武宗的兒子年幼。為了使自己這一脈能永遠坐在至高無上的皇位上，元仁宗想毀掉原先的約定，立長子碩德八剌為太子，封兀都思不花為安王，但在仁宗死後，兀都思不花作為政治鬥爭的犧牲品，先是被降為順陽王，而後又被殺死。

這樣，元仁宗就只剩下長子碩德八剌了。當仁宗表示要碩德八剌繼承皇位時便遭到群臣的反對，他們

認為作為皇帝怎麼能言而無信呢。不久仁宗駕崩，仁宗之母答吉太后便和權臣鐵木迭兒聯合，立年僅18歲的碩德八剌為帝，以便把持政權。

　　然而這個看似年幼無知的孩子卻是一個有主見的皇帝，不願意受人擺佈，這著實讓答吉後悔捧他為帝，因為他不僅不聽從祖母的調度，還和祖母持相反意見。這是元朝建朝以來的傳統，后妃干政、權臣用事時有發生而且屢禁不止。

　　為了改變這種情況，元英宗即位後，決意改革朝政，因朝政被權相鐵木迭兒及其黨羽把持，難以推行。至治二年(1322年)，鐵木迭兒死，元英宗起用太常禮儀院使拜住為中書右丞相，開始推行新政。

　　英宗新政的主要內容包括了減輕賦役，重農抑商，裁減冗官，啟用儒臣等。例如十一月，英宗詔示天下，凡流民重操舊業者，豁免三年賦稅。驛站戶因貧苦而典賣妻子者，官府出錢為之贖還。凡有勞役先徵發商賈富貴之家，以扶植農業。豁免陝甘明年差稅的十分之三和各處官田田租的十分之二，而江淮地區的創科包銀則全部免除。同月，還下令裁減世祖以後

設置的冗官。隨後啟用了一批有德老儒，改變元朝有
史以來對漢族儒生的輕視態度，並加強建設，推行漢
法。同時處死鐵木迭兒之子八思吉思，但卻沒有很好
地處理鐵木迭兒的黨羽，以御史大夫鐵失為首的餘黨
於是密謀政變。

　　按照今人的觀點來看，元英宗的新法對當時腐敗
不堪的元朝廷而言是一劑強心劑。罷汰冗官，精簡機
構，不僅節省了行政費用，還為國家增加庫銀；推行
「助役法」，減輕了加在對漢族民眾身上的沉重的徭
役負擔，緩和了民族衝突，照理來說應該會得到朝廷
上下的支持，但事實並不是如此。

　　元英宗的改革動及了蒙古族的利益。雖然新政的
舉措利於漢族民眾，但卻對蒙古族人沒有帶來絲毫的
好處，元英宗漸漸失去了族人的支持。其次，他一邊
淘汰冗員，一邊啟用漢儒，並提升儒臣的地位。這邊
動搖了蒙古大臣、蒙古貴族的利益。本來英宗的繼位
就是不合法，他本該立足於如何讓自己等到民眾、貴
族、地主等等的支持，這樣才能讓自己的帝位保持穩
固。但他沒有，他還學習中國之前的朝代，推行中央

集權，剝奪女人的參政權，這讓他徹底地失去了皇族、臣子、民眾的支持。因此，政變還處在策劃期便吸引了許多人參與。

1323年9月4日，英宗一行從上都返回大都，在上都南面30里的南坡駐帳。這時，蓄謀已久的鐵失突然發動了政變，英宗被鐵失一刀殺死。在刺殺皇帝之後，反叛者迅速趕到大都，控制了政府機構。同時，派遣使者前往漠北去請晉王也孫鐵木兒即位，結束了英宗的改革之路。

出人意料的是，這場「南坡之變」的直接謀反者居然是王太后、貴族官員和宗王，並在蒙古、色目貴族和官員中得到了廣泛的支持。實事求是地說，元英宗登基時，元朝已是百病纏身但並未走進死胡同，因此他採取一系列的措施來挽救尚未病入膏肓的朝廷非常重要也很有必要。

他解除了民族高壓和減輕了農民負擔政策，這些都是利民的。雖然在改革的過程中犧牲少數人的利益也是無法避免。但英宗忽略了群眾的力量，沒能從群眾中得到支持，然而放棄了大多數可以團結的力量，

比如女人、商人等，以致使自己陷入孤立無援的地步，經受不住反叛者的背叛。

【話說歷史】

元英宗碩德八剌失敗的原因，是元朝特殊的歷史使然，也是個人因素所導致。如果他能圓滑，遊刃於皇族與朝廷、民眾之間，那可能新政的推行會事半功倍。但是元英宗如果夠圓滑，他又不可能主動挑起改革的擔子。他的失敗，緣於他的步伐比歷史的進程快，比當時的民眾快，以至於難以為人所接受，而以失敗告終。

「壬寅宮變」：
誰是「紅丸案」的幕後主謀

「壬寅宮變」，是指明朝嘉靖年間宮婢謀害明世宗之事件。這是一起罕見的宮女起義事件。當時明世宗嘉靖皇帝朱厚熜為求長生不老藥，大量徵召十三、四歲宮女，命方士利用她們的處女月信來製煉丹藥。為保持宮女的潔淨，宮女們只能服食桑葉，喝新鮮的露水。因此，被徵召的宮女都不堪苦痛。結果，當世宗夜宿曹氏宮時，以楊金英為首的宮女們決定趁嘉靖帝熟睡，起義殺死世宗。她們本想用麻繩勒斃世宗，誰知在慌亂之下，宮女們將麻繩打成死結，結果沒殺死嘉靖帝，只是讓嘉靖帝嚇昏了過去。事變後，楊金英等十六名宮女以及寧嬪王氏和端妃都被處死。由於此事涉宮闈隱私，事後統治者極力包掩此事，史籍資料也很少記載，因此很少人知道事情的真相。但在民

173

間各路說法不脛而走，以致成為明代宮廷史上的一椿疑案。那麼，為什麼會發生「壬寅宮變」呢？誰是發動「壬寅宮變」的幕後黑手呢？目的又是什麼？史學家們經過研究後發現，對於宮女弒君發生的原因，存有四種不同的解釋。

第一種觀點認為，「壬寅宮變」是由於嘉靖帝為煉製長生不老的丹藥，酷虐宮女，導致宮女憤而起義。這可從當時司禮監審問宮女的口供記錄中發現端倪，記錄中有「咱們下手了罷！強如死在他手裡」之類的話。專家們分析後據此推斷，這時的宮女們一定處於危險的境地，才置之死地而求後生。反正生活在宮中，死是遲早的事。與其被嘉靖帝蹂躪致死，還不如自己先下手為強，拼死一搏，殺死嘉靖皇帝，或許還能僥倖地得到生存的機會。而各種資料顯示，事件發生前，宮女們並沒有犯下滔天大罪，也沒有產生謀逆之心。既然沒有大錯，怎麼會面臨危險呢？專家們探佚後發現，這件事極有可能是和世宗煉製長生不老丹藥有著不可分割的關係。此時的嘉靖帝由於縱欲無度早已耗盡了自己的精力，導致自己的身體情況每況

愈下。但是越是如此，他又越是迷戀道教仙術，一求長生不老，二求房中祕事長盛不衰。當時有很多方士、佞臣，都是以進獻房中祕方或煉丹藥而得到皇帝的賞識，獲得皇帝的寵信，例如陶仲文便是其中之一。

當時由於進獻的祕方和煉丹藥的來源極廣，其提煉的方法可謂五花八門。其中以「紅鉛」作為最流行的煉丹製藥之法。什麼是「紅鉛」呢？那便是將處女月經和藥粉經過拌和、焙煉而成，形如辰砂。據說這些藥物能夠達到強身健體和增強性欲的作用。

在發生「壬寅宮變」的兩年前，宮內這種煉丹之風達到了極點。嘉靖帝不惜從全國搜集大量處女，作為取經的原材料。為了採得足夠的煉丹原料練成丹藥，皇帝不惜強迫宮女們服食催經下血的藥物。這些藥物輕則極大損傷宮女身心，重則因失血過多而暈死，甚至因血崩喪命。此外，為了防止丹藥的提煉祕密被洩露，皇帝不惜殺死取過血的宮女滅口。

專家推測，當時部分宮女親眼目睹飽經殘害的姐妹死前的慘狀，自知這種災難早晚會降臨到自己頭

上，因而才決定拼死一搏，寧願同歸於盡，也不遠苟
延殘喘。

第二種觀點認為，宮變的主謀者是寧嬪王氏。為
什麼王氏要指使宮女們殺死嘉靖帝呢？據說是這樣
的。嘉靖帝自幼身體很虛弱，加上縱欲過度，精子存
活率低，一直沒能讓宮嬪懷孕。嘉靖十年，世宗在宮
中欽安殿建壇求嗣，以求得到一個兒子。

說也奇巧，當年後宮妃嬪陸陸續續地生下了幾個
孩子。寧嬪王氏也在這年為嘉靖帝生了一個兒子。按
冊封妃嬪的慣例，寧嬪應該由嬪晉為妃，可是世宗卻
沒有晉封她。因此寧嬪王氏心存不滿，便指使楊金英
等宮女在嘉靖帝夜宿於寵妃曹氏宮中時，將皇帝勒死
以作為報復，同時也可把責任推到曹氏身上。

但是這種說法並不符合常理。因為一個育有皇子
的妃嬪根本沒必要為了爭寵而冒殺頭的危險，而且就
算皇帝死了，他還有其他的孩子，不見得寧嬪就能穩
坐太后之位。而十幾位宮女為了替主人爭寵而不顧生
死謀害皇帝，而且如此一致的態度，世間少見，可能
性極小。

　　第三種觀點認為，是世宗喜怒無常，任意殘害宮女而導致了這次宮變。據史料記載，嘉靖帝性格殘暴，喜怒無常。在他的統治下籠罩著白色恐怖。

　　孝潔皇后陳氏僅僅因為惹他不高興，他便踢得陳氏流產血崩致死。嘉靖帝在位期間，立了4位皇后，其中或死或廢，遭遇極為淒涼。對皇后都是如此，更何況其他小宮女。

　　在嘉靖朝，只要宮人犯了一點小小的錯誤，便痛加責打，有一次竟多達二百多位宮女被打死。這種非人的待遇，使宮女們擔驚害怕，蓄謀拼死鬥爭。而這起宮變也正是因為這種原因，宮女才發出「咱們下手了罷，強如死在他手裡」的呼聲。

　　第四種觀點，依正史所載，此次宮變，很可能是一場政治鬥爭。也因縱欲過度而死的明武宗死時沒有留下子嗣。死後便由太后與朝臣商議酌定立嗣之事。經慈壽皇太后與朝臣商議，決定立興獻王之子朱厚熜即明世宗嘉靖帝。當時明廷上下圍繞嘉靖帝生父的稱呼這個問題展開了一場關於「大禮儀」的激烈爭論。

　　因為無論是按輩分還是按繼承皇位的要求，嘉靖

帝都應該按照皇家的傳統，稱武宗為父，稱自己的生父為叔父。但是嘉靖帝非但不是這麼稱呼，還要尊自己的生父為皇帝。

　　尤其是最後的爭論結果以嘉靖帝的勝利告終，這更引起了群臣的不滿。而「壬寅宮變」便發生在「大禮儀」的爭議結束之後，這不得不讓人懷疑這是場政治變故，欲借嬪妃之手除掉不聽話的皇帝。總之，這次宮變因何而起，正史沒有能夠給出明確的解釋，人們對此只能做出種種估計，但證據都不夠充足，無法使各家看法統一。所以「壬寅宮變」還是一個解不開的謎案。

【話說歷史】

　　皇帝的所作所為激怒了宮嬪，導致宮嬪的起義反抗，可見皇帝的荒淫程度。明朝也因經歷了幾代荒淫無度的君主，才把國家的底子耗費盡，不僅使人民備受苦楚，也讓明末在與外族鬥爭中處於劣勢，或許這是每個朝代的必經之路——盛極必衰的規律。

刺馬案：
真相是什麼

　　一百三十多年前，光天化日之下，兩江總督馬新貽突然遇刺身亡，朝野為之震盪，疆臣人人自危，舉國側目。慈禧太后驚奇地問道：「馬新貽這事豈不甚奇？」曾國藩誠惶誠恐地回答：「此事甚奇。」李鴻章也曾表示：「谷山近事奇絕，亦向來所無。」由於案犯供詞閃爍，主審大員含糊其辭，清廷曾一天連下四道諭旨，前後審案官員多達五十多人，長達半年之久不能結案。於是各種傳言風聞迭起，蜚短流長，更使得案情撲朔迷離，後人將之列為「清末四大奇案」之一。

　　這個案子發生後，刺客一反其他刺殺案竟不逃走，還高喊：「刺客是我張汶詳！」然後讓那班怕死的衛士捉拿。清廷對此十分驚恐，他們深知此案涉及

暗殺玄機政案——
弒君篡權是貪戀權位，還是別有隱情

封疆大臣的內幕褻聞，於顏面上大不光彩。因此，只能掩蓋矛盾，粉飾門面。慈禧太后為了維繫她搖搖欲墜的統治，親自出面處理此案。把正在天津處理教案的大員曾國藩，調來審理這個案件。又在曾國藩出發前夕，召見了他，面授機宜說「馬新貽辦事很好」，為此案定了調子。這還不放心，一週之內，又連連派出大員參與審案。刑部尚書鄭敦謹，也奉旨與曾國藩同審。經過一番緊鑼密鼓，終於為張汶詳定了一個「漏網髮逆」和「複通海盜」的罪名，將張汶詳處決，剜了張文祥的心，去祭奠這位馬新貽，又厚厚的於以撫恤。

一句話，馬新貽是一個好官，張汶詳是一個逆反。那麼張汶祥為何「刺馬」？馬新貽若真是好官，為何會遭刺殺？

從案發現場的場景看來，張汶詳不逃跑的態度，從廣大民眾看來，透露出刺殺是早有預謀，且有私仇深怨的行為，故在張被捕後，民間隨即出現對張、馬的種種神奇的傳聞，「漁色負友」便是百姓口口相傳的刺殺原因：它講的是：馬新貽在尚未發跡時，曾和

張汶詳以及另一個人結為兄弟，馬新貽為老大，另一個人為老二，張汶詳排行老三。原來老二和老三皆為綠林中人。馬新貽的軍功，頗得力於老二、老三。但馬新貽對這兩個人的進官入仕，並不出力，故而兩兄弟對馬早已不滿於懷。又因老二之妻貌美，久為馬新貽所占。馬新貽為剪除後患，蓄意加害兄弟，每每以傳遞軍書之類的疲勞任務，交與兄弟執行，最終使得老二抱病而卒。張汶詳為替二哥報仇，動了殺機。案發以後，張汶詳被凌遲處死，並被剖心，其死極為慘烈。故而一般輿論均同情於張汶詳，對於馬新貽背信棄義，強佔人妻，因奸逼命的行為，眾聲憤恨，並宣揚張汶詳為友復仇的義勇行為。

但這種說法卻是破綻多多。如果說張汶詳與馬新貽有這等兄弟關係，則隨時隨地都有機會刺殺，何必非要在校場動手呢？當時馬新貽的扈從眾多，下手未必能得，並且自身不能逃脫。再說馬新貽的四弟馬新祐自幼跟在馬新貽的身邊，直到馬新貽被刺身亡。馬新貽的事情他最清楚不過，如果馬新貽因為「漁色負友」遭刺，那麼他也應該接受最後的朝廷結案，而為

何卻終覺疑案未明，悠悠蒼天抱恨終古。

　　除此之後還有頗多說法：如說馬新貽因審理江蘇巡撫丁日昌之子丁慧衡致死人命一案，造成督撫不和，進而招致殺身之禍；也有說因為馬新貽力剿海盜，張汶詳為友出頭，刺殺馬新貽；還有說馬新貽私通回匪，張汶詳為之不平，決意刺殺；還有的說法是由於政治原因，馬新貽被湘軍集團設謀而殺。

　　1871年4月4日，曾國藩奉旨監斬，將張汶詳淩遲處死，並摘心致祭。轟動一時的張汶詳刺馬案，隨著張汶詳的人頭落地，終於拉下了帷幕。

　　而關於刺馬案的種種更多的傳說，隨著時間的流逝，不斷的延展開來。刺馬案中，馬新貽生活在清朝末期，此時的清廷更加腐敗，面臨著內憂外患，統治已是江河日下。清廷與封疆大吏之間互相猜疑，互不信任；封疆大吏之間是爾虞我詐。

　　在這樣的在大背景下，推斷判定刺馬案的原因，甚至需要探尋馬新貽從少年科第、坎坷仕途，一直到江寧被刺的一生經歷。尤其是任職後期，興修水利，開荒種地，使人民休養生息；減浮漕，除陋習，以紓

民困；獎廉能，懲貪墨；體恤寒儒，興辦實學，刊刻書籍等等，尊重史實，全方位地瞭解了馬新貽的一生之後，站不住腳的原因自然不攻自破，同時也才具有思考的餘地，才能合理推斷，有力評判刺馬的真相。

　　在事發之後百多年，無確鑿史料，死無對證的情況下，挖掘政治迫害，談何容易，推斷所致的可信度又會有多大？

【話說歷史】

　　從前的人，現在的人，似乎都對真相很敏感。

Chapter 5

爭密碼讞案——

將軍角弓沙場冷，
殺戮白骨迷計凶

Throw Away All the History

將領龐涓：
是否指揮馬陵之戰

　　馬陵之戰，是戰國時期著名的戰爭之一。這一戰與桂陵之戰的勝利使到齊國的威望得到上升而且力量迅速發展，成為當時的強國，稱霸東方。而魏國在這兩場戰爭遭受重創後，實力被削弱，又被秦國乘虛而入，從此喪失了與齊秦兩國爭霸的能力。

　　馬陵之戰這場重要的戰爭在《史記》、《戰國策》、《竹書紀年》中都有明確記載，所以史學界對馬陵之戰的歷史真實性並沒有爭議。而備受爭議的是龐涓是不是馬陵之戰魏國的統帥，龐涓到底有沒有可能指揮這場戰爭。很不巧的是有的史籍有提到龐涓指揮了馬陵之戰，而有的史籍一句都沒有提及到。這到底是怎麼回事？

　　龐涓戰國初期魏國名將，曾率領魏軍橫行天下。

關於他是否指揮了馬陵之戰，有人認為龐涓在桂陵之戰中被擒，既然被擒，應該死在或被困在齊國，不可能去指揮馬陵一戰。

有人認為，齊國在桂陵之戰生擒龐涓後，可能不久就將其釋放，因此到馬陵之戰時龐涓能又任魏將，與孫臏再次交鋒。那麼龐涓到底有沒有可能指揮馬陵之戰呢？

據1972年在山東臨沂出土的《孫臏兵法》，龐涓早在馬陵一戰的多年前的桂陵之戰中，被齊軍生擒。西元前354年，魏國派龐涓率8萬精兵進攻趙國，趙國最後沒辦法向齊國求救。而齊國派出了田忌與孫臏這對組合孫臏建議田忌採取「圍魏救趙」的方式，而後在桂陵截殺趕回救國的龐涓。

在《孫臏兵法》的《擒龐涓》篇記載著：「孫子（臏）弗息而擊之桂陵（今河南長垣縣西南），而擒龐涓」。在《擒龐涓》這篇文章的記載清清楚楚地表示，在西元前353年，龐涓即被齊國擒獲。

那麼，這位魏國名將被擒之後又如何能在多年後指揮馬陵之戰呢？而且《戰國策》、《竹書紀年》中

關於馬陵之戰的記載都未提到龐涓這個人，而只是說太子申為魏軍統帥，所以更加讓人懷疑龐涓到底有沒有指揮該戰爭。

　　有人說龐涓不是馬陵之戰的統帥。學者在《孫臏兵法注釋》中表示：「馬陵之戰指揮魏軍的當為太子申，而不是龐涓」。他們是根據《戰國策・魏二・齊魏戰於馬陵》記載：「今戰勝魏，覆十萬之軍，而禽（擒）太子申。」（現在戰勝了魏軍，消滅了10萬大軍，並且生擒了太子申。）和《戰國策・宋衛・魏太子自將過宋外黃》記載：「魏太子自將，過宋外黃……今太子自將攻齊，大勝並莒，則富不過有魏，而貴不益為王；若戰不勝，則萬世無魏。……與齊人戰而死，卒不得魏。」（魏國大將太子申，進過宋國的外黃……現在太子申攻打齊國，打敗齊軍並進而將莒地兼併，也只不過擁有魏國，富貴不過是為王，但若是失敗了，就永遠失去魏國。……與齊國大戰而死，所以不能得到魏國。）這兩段有關馬陵之戰的記載，都沒有提到魏國以龐涓為將，所以他們認為太子申才是馬陵之戰的統帥，龐涓並沒有指揮該戰。

但也有人則說龐涓有指揮。因為他之前雖然被擒，但很快就被放回魏國，所以可能指揮馬陵之戰。並且指出被放回的時間有可能是在桂陵之戰的次年，魏惠王調用韓國軍隊在襄陵擊敗齊，宋、衛的聯軍，齊國不得已向魏求和，求和的條件有可能包含放回龐涓。

也有可能是桂陵一戰後兩年，「魏人歸趙邯鄲，與趙盟漳水上。」（《資治通鑒》）魏國歸還邯鄲的要求可能包括了放回他們的將領龐涓。而且《史記》多次關於馬陵之戰的記載都提及龐涓。如《魏世家》記載「使龐涓將，而令太子申為上將軍」，點明了馬陵之戰的將領。還有「敗於馬淩，齊虜魏太子申，殺將龐涓」表明戰果。

《田敬仲完世家》（救韓、趙以擊魏，大敗之馬陵，殺其將龐涓，虜魏太子申。）與《六國年表‧魏》（齊虜我太子申，殺將軍龐涓。）也明確表明龐涓是指揮了馬陵之戰。

《資治通鑒‧卷第二》中也提到了龐涓在馬陵之戰被孫臏「戲弄」並且最後戰敗自刎了。所以可以說龐涓指揮了馬陵之戰。

　　大家都有史籍的證明，那到底是誰對誰錯？公說公有理，婆說婆有理。又如何斷定哪些證據是真實的，哪些是虛假的。這些都是大家的猜測而已，沒有確實的證據。

【話說歷史】

　　對於史籍的解釋有時不能太拘泥，因為這些有可能只是後人強加上去的。誰也不能肯定這些解釋跟原作者是一致，所以不能單從這些就下結論龐涓是否指揮了馬陵之戰。

坑殺大軍：
項羽是否坑殺了20萬秦軍

相傳在兩千多年前的義馬二十里鋪一帶，有20萬秦軍降卒一夜之間被項羽的軍隊坑殺殆盡。如今這個所謂的遺址是一個東西長400公尺，南北寬250公尺的土坑。1912年，修建隴海鐵路的工人曾在此挖掘出累累白骨。土坑如今遭受著風蝕雨淋，漸漸頹敗，然而在河南文物分佈地圖上，並沒有對這個遺址的官方記載。在兩千多年以前，這塊土地真的發生過慘絕人寰的大屠殺嗎？

關於這件事，史書的記載極為粗略，如《洛陽市大事記》中簡要記載：「西元前206年十一月，楚項羽殺秦降卒20萬於新安。」《洛陽大典》中的《軍事典》這樣記載：「項羽以為秦降卒入關，必然嘩變，於是，除留章邯、長史欣、都尉翳3人外，20萬秦軍

將士盡數坑殺。至此，強大的秦國軍隊不復存在，新安城南的荒野埋有秦軍將士的累累白骨。」事實真的是如此嗎？既然20萬秦軍已經投降了，項羽為什麼還要坑殺他們呢？

　　原來，在西元前207年，秦王朝早已處於風雨飄搖之中的，陸續爆發的農民起義對秦王朝帶來極大的衝擊。秦大將章邯在戰鬥失利的情況下，率領剩下的20萬秦兵向項羽投降。項羽則立章邯為雍王，讓他率領降兵作為先鋒隊，作為大軍向西挺進咸陽的先導。西元前206年十一月，項羽大軍經過洛陽，駐紮於新安城南。

　　由於項羽大軍的士兵多年來經受殘暴的秦軍的壓迫、折磨，對秦軍的仇恨之感由來已久。因此趁著秦軍投降這個絕佳時機，他們迫不及待地在路上虐待這些秦軍降卒。而為了保命的秦軍降卒，只有忍辱負重。然而，當秦軍隊伍來到函谷關前的時候，心情變得無比複雜。司馬遷的《史記》對當時的情境是這麼描述的：「秦吏卒多竊言曰：『章將軍（章邯）等詐吾屬降諸侯，今能入關破秦，大善；即不能，諸侯虜

吾屬而東，秦必盡誅吾父母妻子。』」意思是說：
「章邯等首領哄騙我們投降項羽，如果我們能成功地
攻進函谷關，推翻秦朝的統治，當然是最好的；如果
不能成功，項羽肯定會把我們擄往東方，我們留在秦
地的父母妻兒可就必死無疑，在劫難逃了。

其實士卒會產生這種心理是很正常的，因為他們
不敢相信，一支起義軍能敵得過秦帝國的正規軍，他
們投降是無奈，但他們不想連累自己的親人。然而不
幸的事，這種種議論傳到了項羽的耳朵裡，讓項羽深
感事態的嚴重。他想：如今接受了20萬的秦軍降兵，
讓軍隊裡秦兵的數目比自己的親兵多了許多。如果入
關後他們不服從指揮，甚至臨陣倒戈的話，那自己之
前付出的心血可就白費了，以後要想翻身都很難。還
不如趁早解決了這幫心腹大患，讓自己攻打秦都城能
沒有後顧之憂。因此，20萬降卒就這麼在一夜間消失
在人世間。

然而後世之人對司馬遷的這段描述提出了質疑的
意見，首先是對坑殺人數的質疑。《史記·秦楚之際
月表第四》記載：十一月，「羽詐坑殺秦降卒二十萬

人於新安。」按照史書的說法，20萬秦軍降卒在新安古城被殺似乎是確鑿的事實，但研究歷史的人認為，這個數字是值得懷疑的。既然項羽讓長史欣統領秦兵降卒作為先鋒隊伍，就證明秦軍已經接受了改編，並變成項軍的組成部分，是不可能被收繳了武器，更不可能「被裹挾前行」。按照這種說法可以推斷，手持有力武器的20萬士兵在一夜之間毫無徵兆，毫無痕跡地消失是一件極不可能的事。

專門研究秦漢嗜血的歷史系教授分析說：被殺的秦軍降卒可能只是一部分。這部分是跟隨章邯投降，但中途卻又反悔想反叛作亂的秦軍士兵。這種士卒項羽是決不能容於眼下的。加上降軍往往士氣低落，常有一種膽怯的心理。因此，有著朝秦暮楚之心也是很正常的事。如果關羽憑自己一時的喜好便隨意地處置降將，不僅會讓自己的部隊背負不義的罵名，也會破壞自己軍隊的編制。項羽作為一個統帥，不可能沒有意識到這點。因此，戮殺20萬秦軍的說法是不可信的。

再加上古代評判兵功的一個重要標準是殺敵的總

數量。因此，項羽的軍隊對外宣傳自己坑敵20萬，是為了處於邀功的需要，也是出於樹立軍隊權威的需要。

但是，關於這場殘暴的殺戮，史書沒有詳細記載。不過設身處地的想一下，一群烏合之眾要殺數十萬手持武器的經過正規訓練的兵士，其難度可想而知。而且項羽還要事先準備好一個可以活埋數十萬人的大坑，這對於行軍打仗的項羽而言是極不可能。因此，要想把那部分有反逆之心的士兵除掉，項羽就必須密謀一個方法，讓這件事能夠神不知鬼不覺地進行，因此，他驅趕秦兵降卒集體挖坑。此時的秦兵並沒有意識到危險的來臨，被勝利之軍欺負慣了而逆來順受的秦軍降兵，忍氣吞聲的按照楚軍的吩咐，開挖大坑。誰知道，他們辛苦挖的就是自己的葬身之坑。

當坑挖到士兵以個人力量難以爬上來的時候，原本監督他們幹活的項兵便拿起無數的長矛鐵槍對準坑內的軀體，瘋狂的刺殺。一場充滿著血腥味和哀嚎聲的無形戰鬥就這麼開始，就這麼落幕。暴戾的項軍也因此付出沉重的代價，他們遭到秦地子民的仇恨，此

後再難往函谷關再踏進半步，最終在爭奪天下的鬥爭中，敗於劉邦。

【話說歷史】

　　殺人如麻的項羽，骨子裡始終燃燒著征服的欲望，面對不服氣的降兵，他想到的是讓他們徹底滅亡。可是他萬萬沒想到，20萬大軍的滅亡正是他爭奪天下的轉捩點。原本最有可能先入函谷關，推翻秦朝統治的他，被劉邦搶了先機。歷史就是這麼奇妙，一步錯，滿盤皆輸。

不得軍師心：
多謀魏延被取代

　　熟讀《三國演義》的人都知道，蜀國名將魏延一
出場就帶著濃厚的悲劇色彩。

　　他足智多謀、作戰英勇、屢立戰功，深受劉備的
信任。他向諸葛亮提出了著名的「子午谷奇謀」，也
就是由魏延親自率領精兵從子午谷快速趕到達長安，
一舉拿下長安和潼關，而諸葛亮則負責率領大軍出斜
谷進兵長安、潼關，兩軍會師於潼關。

　　但向來謹慎的諸葛亮覺得此計太險而悲棄用。而
他最可悲的是一直被諸葛亮認為「天生長有反骨，日
後必然造反」。自劉備逝世後，魏延就失去了他的伯
樂，從一直備受重用淪為被棄置，最後甚至被戰績平
平的王平所取代，這是什麼緣故呢？原來與諸葛亮有
著莫大的關係。

　　有些人會感到奇怪，諸葛亮不僅用兵如神，更有識人的眼光，能在隆中時便預見劉備後來的作為。可是，怎麼會棄用足智多謀的魏延而提用資質平平的王平，這無論如何也難以說得過去，更玷污了諸葛亮能慧眼識人的名聲。但是事實上，魏延的不被重用很大一部分原因就是諸葛亮的緣故。

　　諸葛亮的用人風格有一個很大的特色，那便是注重一個人的德行。這點無疑是受漢朝「舉孝廉」遺風的影響。在諸葛亮看來，好德勝於好才，寧用有德無才者，不可用有才無德者。而魏延在諸葛亮的眼中便是一個隨時可能造反的有才無德者，是絕對不能重用的。然而，諸葛亮的這種用人標準，往往容易被一些別有用心的人士加以利用，變成虛偽無能者表演的舞臺。

　　奉行德治至上的諸葛亮，在用人方面極為苛刻。他要求群臣都要忠心不二，絕對服從。但是偏偏魏延就是一個特立獨行，桀驁不馴的人，這點特別不受諸葛亮喜歡，因此他才會認為魏延是個不安分的人，以後會造反。因此，就算在蜀漢的君子大營裡，魏延被

視為「韓信再世」，被公認為繼諸葛亮後的軍事奇才，他依然難以在劉禪朝獲得重用的機會。

而在諸葛亮的眼中，中規中矩、四平八穩的王平到時一個德行兼備的人，因此對魏延多加提拔，甚至把他置於魏延之上。

在這個問題上，諸葛亮也有這樣一個角度的考慮，他知道自己在世的時候，還是有能力掌控調度這些桀驁不馴的人，但一旦自己歸西後，主弱的局面並不會改變。像魏延這樣有才華的人，能夠像自己一樣，鞠躬盡瘁，死而後已倒好，如果不行，過度提拔他只怕給蜀漢帶來極大的危害。

而王平，他的一生主要參加了三次戰役。分別是街亭之戰、祁山之戰和漢中保衛戰。在街亭之戰中，王平只是充當了一個副手的角色，他只是勸馬謖不能執意上山，但人微言輕，加上自身能力不足，說的話不足以讓人深信服從。最終在馬謖的錯誤領導下，蜀軍一敗塗地，損兵折將。

但王平卻在這一戰中得到了提升，他接替了馬謖的職位，終於擺脫副手的身分，成為參軍，有了一定

的話事權。在諸葛亮死後，蜀軍內訌中，王平則堅定不移地站在楊儀一邊，對楊儀與魏延之鬥時表現得十分積極。

　　然而當楊儀命他追擊魏延時，王平自知武功比魏延差了一大截，便拖拖拉拉不敢追。當魏延被馬岱斬殺後，他又撿了個大便宜，接替魏延成為「漢中太守」，成了漢中地區的一把手，掌握了漢中地區的話事權。無奈王平資質過於平庸，在職期間難有突破，就連在最後的漢中保衛戰中，只會效仿「魏延戰法」，採取守興勢圍，拒敵待援之策。可見，此將除了免戰消耗，實無過人之處。

　　王平能被重用與他有四平八穩的性格有著密切的聯繫。中規中矩的他和諸葛亮謹慎的性格是不謀而合的。由於個性相近，諸葛亮更容易接受一個以自己相近的人，更容易相信他不會心生謀逆之心。因此，諸葛亮情願重用資質平庸的王平。

　　但諸葛亮也明白，要作為一軍主將，王平是遠遠不夠格的，無論在軍隊的調度還是行軍謀劃上，王平都缺乏這樣的才能，就算諸葛亮花盡心思教，王平也

缺乏這樣的天賦可以吸收，因此諸葛亮一直有要用魏延還是用王平的矛盾在心理掙扎著。不過在諸葛亮心理，肯定是聽話的王平用起來會順手、放心些。

而從諸葛亮《出師表》中推薦的人來看，都是一些性格大致和王平差不多的人，如郭攸之、費禕、蔣琬、董允等，絕對的循規蹈矩、對領導者的話絕對服從的「小綿羊式」人物。

像魏延這樣有個性的人，劉禪駕馭不了，諸葛亮也不放心把自己打下的基業交到魏延手上。為了保障自己的政策、思想能夠在自己歸西後還延續下去，諸葛亮就必須為自己的接班人掃清道路，去除絆腳石，所以魏延被排斥出統治中心也是很正常的。

因為諸葛亮的偏見，也因為不得掌握話事權的人的歡心，多謀多智的魏延還是不能得到重用。魏延因個性出局，王平則因庸常勝。

【話說歷史】

諸葛亮的偏見，讓他錯失了一個好人才。

　　蜀漢後期的人才匱乏與諸葛亮的用人原則，用人制度有著很大的關係。或許在行軍打仗上，諸葛亮是天才，但在用人上，他就遠不及劉備和曹操。說穿了，諸葛亮太過於固執，而缺乏一種包容心，以致在用人上不能物盡其用，人盡其才。

張巡死守睢陽：
絕不妥協，誓死抗爭

西元755年，安祿山發動叛亂，史稱「安史之亂」。西元757年，安祿山之子安慶緒派尹子奇率領十三萬大軍進攻睢陽(今河南商丘縣南)。睢陽太守許遠向駐守寧陵(今屬河南)的唐將張巡求援，張巡隨即率領軍隊從寧陵進入睢陽。張巡的兵力只有三千人，與許遠聯合起來不足六千八百人。

叛軍發動全部兵力進攻睢陽，張巡親自督戰，晝夜苦戰，一共打了十六天，殺死叛軍士兵兩萬多，俘虜叛軍將領六十多人。這年三月，尹子奇再次率領大軍前來進攻。張巡舉著戰旗，率領眾將領徑直沖進叛軍軍陣，斬殺敵將三十多人，殺死士兵三千多人，叛軍潰敗而逃。

七月，尹子奇又徵召幾萬名士兵圍攻睢陽。不久，

睢陽城裡的糧食吃光，將士每人每日只能分到很少的糧食，混合著紙和樹皮吃。尹子奇探聽實情後派兵加緊進攻，叛軍做了雲梯想跳進城裡。

張巡事先在城牆上鑿了三個孔洞，等雲梯靠近的時候，從一個洞裡伸出一根大木，頂端安置鐵鉤，鉤住雲梯，讓它不能退後；又從一個孔洞裡伸一根木頭，頂住雲梯，讓它不能前進；剩下一個孔洞中伸出一根木頭，頂端安置鐵籠，裝著燃燒物焚燒雲梯，使雲梯從中間折斷，上面的士兵全部都被燒死，粉碎了叛軍的陰謀。

接著，叛軍又在城西北角用土袋和木柴堆成臺階，想以此登城。張巡每天夜裡，派人偷偷地把松明與乾草投下去。

過了十幾天，張巡派軍隊出戰，順著風勢縱火焚燒，叛軍無法救火，大火燒了二十多天才熄滅。到最後堅守睢陽的士兵也傷亡慘重，只剩下六百人了。張巡與士兵一起日夜苦戰，堅持不下城樓。

到了十月，城中糧食已經吃完，樹皮也吃盡了，官兵就殺馬和捕捉鳥雀為食，後來又挖掘地鼠充饑。

城裡的軍民都被張巡誓死守城的精神所感動，他們明明知道守下去沒有希望，但沒有一個叛逃出城。等到尹子奇再率領叛軍用雲梯爬上城頭，這時城頭上的守軍已餓得無力再戰。

眼看大勢已去，張巡向著西面長安的方向拜倒說道：「臣生不能報陛下，死後化為厲鬼也不會放過這些逆賊！」最終，叛軍攻陷了城池，張巡與部下將領都被俘虜。

尹子奇問張巡說：「聽說將軍每次作戰，都眼角撐裂，牙齒咬碎，為什麼？」

張巡說：「我恨不得吞掉叛賊以消我心頭之恨，只是力不從心。」

尹子奇用刀撬開張巡的嘴巴一看，嘴裡果然只剩下了三、四顆牙齒。尹子奇知道張巡不可能投降，便把張巡及其部下等三十六人全部殺害了。

【話說歷史】

大難將臨，僅沉著冷靜尚嫌不足；面對艱難，應

該勇往直前，誓死抗爭才是出路。

　　面對惡劣的處境，首先不要慌亂，一旦心浮氣躁，就很難靜下心來面對變故。因此，沉著冷靜，坦然面對至關重要，要知道眼前的逆境正是考驗一個人品性的機會，你所需要的就是欣然接受，勇往直前，別給自己找退路。

顏真卿勇闖敵營：
不屈不撓，高風亮節

顏真卿，字清臣，出身名門，是著名學者顏師古的五世孫。顏真卿為人耿直，性情義烈，是唐朝的四朝元老。西元782年，唐朝的五個藩鎮叛亂。其中淮西節度使李希烈兵勢最強，自稱「天下都元帥」。德宗皇帝派威望極高的顏真卿去做說客。

李希烈聽到顏真卿來勸降，想給他一個下馬威，在見面的時候，他故意讓部將和養子一千多人都聚集在廳堂內外。顏真卿剛到廳堂門口，那些部將和養子就衝了上去，個個手持武器，圍住顏真卿又是謾罵，又是威脅，擺出一副要殺他的架勢。

顏真卿面不改色地朝著他們冷笑。這時李希烈才假惺惺地站起來護住顏真卿，命令他們退下，接著又把顏真卿送到驛館裡，企圖慢慢軟化他。

這時，其他幾個藩鎮的叛將各自派遣使者到李希烈這裡來上表稱臣，勸他做皇帝。李希烈召顏真卿來，故意把上表給他看，得意地說：「今日四王派使者來，把推心置腹的話對本元帥說了。他們的話跟我心裡的想法一樣。太師您看這種情勢，難道我被朝廷猜忌，就沒有地方可去了嗎？」

顏真卿義正辭嚴地說：「這四個人只能說是四凶，怎麼叫四王呢？將軍自己不保住功業，做唐朝的忠臣，卻要與亂臣賊子在一道，想與他們一起滅亡嗎？」李希烈聽了心中十分不快。

過了一天，李希烈又讓顏真卿與叛鎮派來的四個使者一同赴宴。四個使者見到顏真卿來了，都向李希烈祝賀說：「早就聽說顏太師德高望重，現在元帥將要即位稱帝，這不是有了現成的宰相嗎？」

顏真卿揚起眉毛，朝著四個使者罵道：「什麼宰相不宰相！要殺要剮都不怕，難道會受你們的誘惑，怕你們的威脅嗎？」四名使者被顏真卿凜然的神色嚇住了，縮著脖子說不出話來，李希烈拿他沒辦法，只好把顏真卿關起來。

西元784年，李希烈自稱楚帝，又派部將逼顏真卿投降。兵士們在關禁顏真卿的院子裡堆起柴火，並澆上油，威脅顏真卿說：「再不投降，就一把火燒死你！」顏真卿二話不說，縱身往柴火跳去，叛將們連忙把他攔住。李希烈的打算落空了。李希烈想盡辦法，也沒能讓顏真卿屈服，最後只好派人逼迫顏真卿自殺了。

【話說歷史】

在面對人生的緊要關頭時，一個人仍能保持自己的高風亮節，不屈不撓，這是很難的。但也唯有在這種環境中，才能是顯示出一個人的品格魅力。在別人放棄時，他還堅持；別人後退，他還在前進；眼前沒有希望，他還繼續努力。這種精神，是一切傑出人物最高貴的地方所在。

甲午冤案：
方伯謙是臨陣脫逃還是勇敢抗戰

　　中國史學在近十幾年來相比之前而言，有了一個很明顯的變化，那便是把歷史學與政治拉開，能儘量擺脫從政治因素考慮史學問題。

　　由於有了這樣的變化，歷史研究中的種種非歷史傾向則呈現出更加複雜的面貌。如耐人尋味甲午海戰中方伯謙被殺的「冤案」問題，就是其中一個在這種大環境影響下引發出的討論。

　　方伯謙，中日甲午海戰中，中方北洋水師濟遠號裝甲巡洋艦管帶（艦長），是當時中國唯一一位參加過兩次甲午海戰的管帶。光緒二十年的豐島海戰，濟遠艦以一敵三，獲得意外的勝利，管帶方伯謙也因此得到清廷的嘉獎重視。

　　但是，同年黃海海戰（大東溝海戰）後，濟遠艦

管帶方伯謙卻以逃軍罪被誅殺。200多年來，大部分
史書都沿襲當年清廷的說法，把方伯謙定位為貪生怕
死，臨陣脫逃的國家敗類，甚至把他說成是導致北洋
水師在黃海海戰中戰敗的罪魁禍首。

　　然而200多年後，後人對方伯謙案再研究後發
現，事情並不是這麼簡單。他很有可能在某些有權勢
的人的輿論造勢下，擔負了幾百年的「罪人」虛名。

　　據說方伯謙被清政府處斬之後，方妻就曾經進京
告過御狀。30年代，方家後人又為他大鳴不平。但這
並沒有引起當時的史學界關注，因為他們堅信清廷的
說法——方伯謙是臨陣脫逃，這是一段毋庸置疑的早
有定論的歷史。然而在近幾十年來，方伯謙的後人竟
多方奔走，為方伯謙鳴冤伸屈。

　　難道方伯謙果真是被冤殺的嗎？其實圍繞著方伯
謙是否冤殺的問題關鍵在於他是否臨陣脫逃。為他翻
案的人說他不是「逃跑」，而是「退卻」。甚至還說
方伯謙的主動退卻為北洋水師保留了一艘軍艦，不但
無罪，反而有功。然而明眼人一看就會覺得這種論調
荒唐至極。

　　為方伯謙翻案的人還提出，戰爭的失敗不應該由方伯謙這個小小的管帶承擔責任，當時的方伯謙的直屬領導丁汝昌、李鴻章等也是罪責難逃。因此，方伯謙案實屬冤案。

　　然而根據《中倭戰守始末記》的記載，甲午海戰中倖存的洋員反映，但是中日兩軍交戰之時，方伯謙一早就掛上了本船已受重傷之旗告水師提督，之後就想要逃出戰場，但是無奈被日軍軍船阻斷去路。而此時致遠、經遠兩艘軍艦正與日船進入殊死苦戰中。方伯謙非但沒出手幫忙，甚至還置而不顧。

　　駕駛濟遠艦像喪家之犬般地倉皇逃出，誰知道撞上了擱淺的揚威船，使得揚威船破了一個大口，不久就沉沒。而方伯謙更驚駭欲絕，飛一般地遁入旅順口。」加上當時日方的軍事記錄，可見方伯謙的出逃是有證據可循的，並非冤假錯案。那麼日方當時對這件事是怎麼記錄的呢？

　　日艦第一遊擊隊第二艦高千穗某尉官有一份親筆記述，稱：「敵終於不支，四分五裂，全面潰敗。濟遠、廣甲首先向西南敗走。」第一遊擊隊旗艦吉野號

作為首艦，其司令官坪井航三少將的報告說得更為具
體詳細：時30分，致遠右舷傾斜沉沒。經遠仍在大火
中掙扎，而且遭受破損，進退不得。最後敵陣終於
全面潰散，各自逃遁。……濟遠則先於他艦逃跑。
(《中國近代史資料叢刊續編‧中日戰爭》七，第238
頁)船員的證詞、日方的記錄都指證了方伯謙是駕濟
遠艦先逃離戰場，臨陣脫逃的。

那麼事實真的是如此？還是如方伯謙自己所言，
濟遠傷重，不得已而逃呢？

據方伯謙自稱，濟遠是因「傷處甚多，船頭裂漏
水，炮均不能放」。作為管帶的他不得已才下令讓濟
遠脫離戰場，速回旅順修理的。當時方伯謙一說出這
個原因，李鴻章馬上認為方伯謙所說「情有可疑」，
而丁汝昌也證方伯謙所言存在不實的地方。

據當時的船員哈富門所言，人們可見當時的濟遠
艦僅有兩門大炮受損，不能運作，並不是所有的「炮
均不能施放」。而且當時的船頭並沒有破裂漏水，也
不至於傷重到不能繼續作戰的地步。所以，濟遠提前
回岸的理由是不能成立的。而方伯謙所言，只是為了

給自己臨陣脫逃的罪責進行開脫。

　　為方伯謙翻案的人還提出了「西戰場」說的論點。何謂「西戰場」？據論者說，致遠沉沒後，濟遠非但沒有馬上逃走，反而獨自開闢了一個「西戰場」，與日軍進行了殊死搏鬥。

　　當時的「西戰場」說一出臺，就引起了學術界的震驚。當時的論者對這個說法進行了詳細描述以求證明方伯謙的無辜。

　　他說：濟遠是當時唯一留在西戰場死戰不退的軍艦，苦戰4小時，到下午5：30才由於「無可戰」而退出戰場。……日艦怕濟遠後炮，不敢猛追。

　　直言當時濟遠艦英勇無比，打的連日本人都羞於把這段歷史明寫。然而史學家經過實地考察、史料分析後發現，所謂的「西戰場」說，完全是靠思維創造的「歷史」，乃子虛烏有，與真實的歷史無涉，無須加以駁辯。

　　方伯謙這件甲午冤案雖然在其後人以及部分研究者的努力下企圖翻案，為方伯謙正名。然而歷史的證據能擦亮人們辨別是非的雙眼。方伯謙其案實難說

冤。

【話說歷史】

　　有時候，世人為前人翻案是為了滿足自身需要而進行的行為，方伯謙案就是其中一個典型。其後人為了挽回家族的名聲不斷進行努力這無可厚非，但是歷史既然已成為歷史，那便讓它悄然沉澱，只要能吸取教訓，這樣的歷史才是有益的歷史，而不為了一己所私，而執意對一些早已成定案的案子反復探討，這樣並不利於社會的進步。

鼠疫案：
李自成的百萬大軍如何瓦解

「吃闖王，穿闖王，迎闖王，不納糧……」，穿越時空，在北京城裡，人們彷彿已經看見一位英雄人物引領著他的百萬大軍，在老百姓的歡呼雀躍聲中浩浩蕩蕩地走來。

他，明末農民起義軍領袖李自成，最終推翻了大明皇朝，攻佔了北京城。然而，為何進京四十天後，李自成的軍隊好像突然間失去了戰鬥力，清軍一觸即潰，且從此一蹶不振？

「闖王」李自的成功敗垂成讓千萬人扼腕歎息，同時，也為其速敗的原因絞盡腦汁，苦苦追尋，上下求索。

有的人認為李自成是敗於驕傲自滿、腐化墮落。攻佔北京城後，流寇出生的李自成以為大業已成，是

時候高枕無憂了，於是貪圖享樂，荒淫腐化，最後招致失敗。

有人認為李自成失敗的原因在於軍紀渙散，戰鬥力嚴重下降，遇到八旗鐵騎的清軍時，不堪一擊，兵敗如山倒。也有人認為李自成敗於「馬上得天下，不能馬上治天下」。

李自成擁有大批的能征慣戰的將士是沒錯，但缺乏一支完成統治治理工作的文官隊伍。在攻下大片領土後，治理人才奇缺的弊端就逐漸顯現出來，致使李自成後來損失慘重。

有的人認為戰略上的巨大失誤導致了李自成的失敗。李自成戰略的巨大失誤，表現在沒有把清朝這個一直想入主中原的強大集團包括在戰略形勢判斷裡。

正因為如此，李自成才採取了直取北京的戰略。如果沒有清朝的干預，以李自成的實力，是可以勉強對付張獻忠集團、南明集團和吳三桂集團的，可是一旦加上清政府的實力，李自成自然難以抵擋，失敗近在眼前。

還有人認為李自成的失敗並非在於人禍，而在於

天災──鼠疫。

鼠疫，俗稱「黑死病」，是一種以老鼠和跳蚤為傳播媒介、傳播速度極快、死亡率很高且難以控制的可怕傳染病。

患鼠疫的人一般會出現淋巴腺膿腫或皮膚出現黑斑，三、五天就會去世。

據有關文獻記載，李自成3月進京，當時鼠疫已出現在北京一帶。尤其春季的到來，跳蚤、老鼠開始趨向活躍，大規模的鼠疫肆掠整個京城，李自成的軍隊也難逃此劫。

鼠疫在軍營蔓延，大批將士被感染，長時間無法擺脫，戰鬥力每況愈下，最後與清軍交戰時一觸即潰。

與此相反，因為跳蚤討厭馬匹的氣味，所以清軍的騎兵沒有被鼠疫傳染，戰鬥力絲毫沒有受到影響。對此，就算李自成再有能耐，也只有「無可奈何花落去」，感歎「天亡我也」。

以上說法似乎有各自的合理性，但並不代表就是歷史的真相。

李自成的百萬大軍究竟慘敗於何，仍然是一個歷史之謎。

【話說歷史】

究竟是鼠疫還是其他原因，闖王李自成的慘敗已經成為歷史，如何去解，只能交還於歷史。

甲午戰爭日軍登陸案：
具體登陸點在何處

　　1898年，朝鮮爆發東學黨起義，中日同時對朝鮮駐兵以平息起義事件。

　　事件平息之後，日軍繼續增兵朝鮮，並且突襲了已經撤退的中國運兵船「高升」號，日本陸軍也同時向駐牙山中國軍隊發起進攻，蓄意挑起雙方矛盾，清政府被迫向日本宣戰，甲午中日戰爭爆發。

　　從1894年8月戰爭爆發到1895年4月結束，甲午中日戰爭共分為三個階段。

　　第一階段1894年7月25日至9月17日，在此階段中，戰爭場地主要在朝鮮半島及海上，陸戰主要是平壤之戰，海戰主要是黃海海戰。戰役中國損失嚴重，北洋艦隊損失了「致遠」、「經遠」等五艘船艦，死傷官兵千多人。

　　第二階段從1894年9月17日到11月22日，在此階段中，戰爭在遼東半島進行，有鴨綠江防之戰和金旅之戰。但是不到三天，清軍駐兵三萬的鴨綠江全線崩潰，日本在旅順展開旅順大屠殺，中國軍民死傷無數。

　　第三階段從1894年11月22日到1895年4月17日，在此階段中，戰爭在山東半島和遼東兩個戰場進行，有威海衛之戰和遼東之戰。威海衛戰役中北洋艦隊全軍覆沒，遼東戰役中清軍六萬多大軍從遼河東岸全線潰退。

　　可以說，歷時6個月的甲午中日戰爭，是中國近代是中國近代史上的重要事件，也是清政府恥辱。

　　戰爭失敗之後，中日之間簽訂了不平等條約《馬關條約》，使「亞洲現在是在三大強國的手中──俄國、英國和中國」之中的中國喪失大量領土和白銀，從此清政府的獨立自主權逐漸破壞。

　　日本在遼東半島登陸中國之後，甲午中日戰爭就由一場海上戰爭演變為陸地戰爭。可以確定的是，日本首先在山東登陸，然而具體位置又是哪裡？

關於具體登陸點，一直是眾說紛紜，莫衷一是，歷來有四種說法：

山東榮城

持這種說法的是親身經歷過甲午中日戰爭的陳兆鏘，陳兆鏘在北洋艦隊「定遠號」上任職。

據他所說，日軍登陸的具體位置就在今榮城縣城崖頭東北80多里的龍鬚島西部。

龍鬚島

這種說法主要來自《會陳海軍覆亡稟》的記載：「至十二月二十五日(即西元1895年1月20日)，倭以水陸勁旅自龍鬚島登岸，破榮城縣城，攻橋頭等隘。」

另外，海軍提督丁汝昌致李鴻章的電報裡也說：「兩船向龍鬚島駛，二十二船在燈塔處或二英里處或八英里遊弋，必是倭船有登岸之舉。」由此，大多數人都比較信服此種觀點。

落鳳港

此種說法主要來自於日軍登陸的第二天，山東巡撫李秉衡致清政府的電報：「昨調倭島、里島防營折

赴龍鬚島，尚未趕到，而倭人於落鳳港登陸，逕赴榮成縣。」另外，《盾墨拾餘》也記載了曾一度在戰爭期的上書：「二十五日，倭以運船四十艘，載陸兵由落鳳港登岸，撲榮城縣。」這種說法雖然得到了一部分人的認同，但是從當代史著卻並不認同這種觀點。

金山嘴

這種說法也來自於清兵總兵劉超佩致李鴻章的電報，在日軍登陸第二天劉超佩致電李鴻章說：「二十五日早四點鐘，倭船三四十艘在龍鬚島、倭島、里島遊弋，嗣於龍鬚島、倭島交界之金山嘴水深處下兵……賊兵蜂擁而上，槍隊不能存身，退回榮城。」

雖然各種說法都有其證據所在，但是目前為止也沒有更為精確的材料說明日軍登陸的地點。

【話說歷史】

日軍究竟是從何出登陸，後人眾說紛紜，要想知道具體事實，還需要進一步尋找有力證據。

i-smart

智學堂
智慧是學習的殿堂

★ 親愛的讀者您好，感謝您購買 推翻那些 你曾信以為真的歷史 這本書！

為了提供您更好的服務品質，請務必填寫回函資料後寄回，
我們將贈送您一本好書（隨機選贈）及生日當月購書優惠，
您的意見與建議是我們不斷進步的目標，智學堂文化再一次
感謝您的支持！
想知道更多更即時的訊息，請搜尋"永續圖書粉絲團"

您也可以使用以下傳真電話或是掃描圖檔寄回本公司電子信箱，謝謝！

傳真電話：　　　　　　　　　電子信箱：
（02）8647-3660　　　　　　yungjiuh@ms45.hinet.net

姓名：＿＿＿＿＿＿ ○先生 ○小姐　生日：＿＿＿＿＿　電話：＿＿＿＿＿＿

地址：＿＿＿＿＿＿＿＿＿＿＿＿＿＿＿＿＿＿＿＿＿＿＿＿＿＿

E-mail：＿＿＿＿＿＿＿＿＿＿＿＿＿＿＿＿＿＿＿＿＿＿＿＿

購買地點（店名）：＿＿＿＿＿＿＿＿＿＿＿　購買金額：＿＿＿＿＿

職　　業：○學生　○大眾傳播　○自由業　○資訊業　○金融業　○服務業　○教職
　　　　　○軍警　○製造業　○公職　○其他＿＿＿＿＿＿＿＿＿＿

教育程度：○高中以下（含高中）　○大學、專科　○研究所以上

您對本書的意見：☆內容　　　　○符合期待　○普通　○尚改進　○不符合期待
　　　　　　　　☆排版　　　　○符合期待　○普通　○尚改進　○不符合期待
　　　　　　　　☆文字閱讀　　○符合期待　○普通　○尚改進　○不符合期待
　　　　　　　　☆封面設計　　○符合期待　○普通　○尚改進　○不符合期待
　　　　　　　　☆印刷品質　　○符合期待　○普通　○尚改進　○不符合期待

您的寶貴建議：